MW01172715

IDENTIFY

(En español)

Traducción Por: Amalia Besoain

DANIEL BRAXTON

Identify (En espanol)
ISBN: 979-8-218-16992-3

Publicado por:
READY® Truth Ministries
También conocidos como READY® TM
Todos los derechos reservados.
Impreso en EE. UU.

READY® TM
P.O Box 5954
Huntsville, AL 35814
+1 (256) 202-0106
info@readytm.org

DEDICATORIA

¡Dedico este libro al humilde servicio de mi Señor y Salvador, Jesucristo, al tiempo que doy gracias a Dios, a mi esposa Candace, a mis pastores, a mi familia y a la familia de la iglesia por continuar ayudándome a crecer, a madurar y a ser el hombre que Dios me ha llamado a ser!

"Y doy gracias a Cristo Jesús, nuestro Señor, quién me capacitó, porque me tuvo por fiel poniéndome en el ministerio".
1 Timoteo 1:12 (RVR1995)

¡Te pido, Espíritu Santo, que toques el corazón de cada lector de este libro, para la Gloria de Dios! En el Nombre de Jesús, Amén.

ÍNDICE

PREFACIO

Pastores Mark y Rhonda Garver
Pastores principales
Iglesia Cornerstone Word of Life

"Como los pastores de Daniel, para nosotros ha sido un honor y privilegio haber visto cómo ha desarrollado su relación con el Señor a lo largo de todos estos años. Daniel se ha dedicado a la Palabra y a la obra de Dios, y ha estudiado para mostrarse aprobado como Su diligente obrero. Para escribir este libro se ha equipado con la Palabra de Dios, y es producto de sus largas horas de estudio y de comunión con el Señor.

Daniel es un ejemplo para el Cuerpo de Cristo de alguien que ha encontrado su verdadera identidad en Cristo Jesús. Es un hombre de Dios lleno de talentos, y es una gran bendición para nosotros y para su familia de la iglesia. Él ha sido fiel en estudiar, servir y liderar en este cuerpo, así como en el Cuerpo de Cristo en general.

Nuestra oración es que al leer este libro tú también puedas descubrir quién es realmente la persona que Dios te ha creado para ser. En medio de un mundo lleno de confusión, creemos que el contenido de este libro te traerá claridad. ¡Confiamos en que al leerlo recibirás conocimiento por revelación de quién eres en Cristo! Es hora de que te puedas identificar correctamente, y estamos seguros de que este libro te ayudará a lograrlo".

Robert A. Conover
Pastor asociado y Pastor de jóvenes
Iglesia Cornerstone Word of Life

"Estoy muy emocionado de que hayas decidido leer el libro de Daniel Braxton, "Identify". En mi opinión, nunca ha habido un momento más decisivo para que se escriba un libro como este. Mucha gente lucha en el área de saber quién es, y esa lucha la mantiene en una prisión personal de duda y temor.

Daniel entiende muy claramente cuán importante es que todo hijo de Dios pueda identificarse correctamente. Comprender mejor este tema nos faculta para ser las personas que Dios nos ha creado para ser. Identificarnos correctamente nos permite cumplir el propósito que Dios tiene para nuestra vida, y nos libera de las muchas voces que intentan etiquetarnos.

Dios le ha dado a Daniel una revelación maravillosa en torno a este mensaje, y creo que esa revelación traerá libertad a muchos. ¡Esta es una de las razones de que este libro sea tan oportuno! Es tiempo de que quienes han permanecido cautivos sean liberados al conocer su verdadera identidad.

Mi oración es que mientras lees este poderoso libro, los ojos de tu entendimiento sean alumbrados acerca de este tema. Es hora de vivir libres de las ideologías de este mundo para andar en el gozo de nuestra verdadera identidad. ¡Saber quién eres y a Quién le perteneces te potencia justificadamente, y esta verdad se hace evidente cuando descubres cuál es tu identidad en Cristo!".

Candace L. Braxton
Hija de Dios y esposa fiel
Secretaria y Directora
READY® Truth Ministries

"Cuando conocí a Daniel me di cuenta de que tenía mucha sabiduría, pero que además era muy práctico y cercano. Después de que nos casamos pude ver por qué; Daniel le ha dado mucho valor a la Palabra de Dios y a su relación con Jesucristo. Lo he visto poner la Palabra de Dios en primer lugar en medio de circunstancias desafiantes, por sobre sus pensamientos y sus emociones. He sido testigo de cómo su relación personal con Dios lo ha guiado y alentado. He visto de cerca una vida que se ha aferrado a la Palabra de Dios, y lo que esto ha producido. Creo que los valores y el carácter de Daniel se reflejan en este libro que conmoverá lo más profundo de tu corazón, pues le habla a ese deseo y llamado innatos que sentimos por identificarnos con algo. Daniel nos ha hecho un recorrido por el tema de la identidad con una perspectiva práctica, edificante, cercana y fácil de entender.

Creo que todos podrán recibir algo de este libro. Despertará tu corazón a la esperanza, el gozo y el cambio, y a la confianza acerca de quién fuiste creado para ser. Mi oración es que a través de la lectura de este libro, la luz de la palabra de Dios inunde tu corazón y conozcas a Jesús más íntimamente.

Es un honor ser su esposa, así como poder compartir con ustedes la persona que sé que Daniel es, y la forma en que este libro me impactó".

INTRODUCCIÓN

En esta vida he aprendido que uno de los aspectos más importantes de nuestro vivir como personas es la "identidad". Una buena definición de "identidad" en el diccionario es: la condición o carácter de quién es una persona; las cualidades, creencias, etc. que distinguen o identifican a una persona (traducción de Dictionary.com, 2022).

En los últimos años, Dios ha abierto mis ojos y me ha mostrado que muchos de los problemas individuales y sociales que aquejan hoy a las personas son una simple consecuencia de un problema más profundo que enfrentamos, una *crisis de identidad*. El diccionario de inglés *Oxford Languages* define *crisis de identidad* como "un período de incertidumbre y confusión en el cual el sentido de identidad de una persona se vuelve inestable, normalmente debido a un cambio en sus metas previstas o en su rol dentro de la sociedad".

Si bien la sociedad a menudo da una noción de que

la "identidad" de un individuo se relaciona con su origen, su aspecto, lo que hace, con quién se asocia, etc.; la verdadera *identidad* se encuentra en el corazón de la persona. El carácter de *quién es una persona* tiene mayor relevancia en su identificación que cualquiera de las generalizaciones sociales que puedan hacerse. Lo que identifica a una persona es más que solo las cualidades naturales de su vida y del mundo que la rodea, aunque muchos lo desconocen.

En el mundo de hoy existen influencias sociales muy extendidas que desafían la identidad de las personas, tales como la cultura popular, las redes sociales, la religión, la política, la indiferencia moral y muchas otras. Estas influencias producen ideales, opiniones y pensamientos generalizados y variados; y frente a ellas, los individuos tienen la responsabilidad de sopesar la información mediante el carácter, las cualidades y las creencias que los identifican.

Las personas que no están establecidas en su identidad son fácilmente persuadidas, cuestionadas o incluso impulsadas a hacer cambios en sus metas previstas y en su rol dentro de la sociedad. Las inseguridades acerca de quiénes son, incluso si encajan o cumplen con las expectativas que la sociedad tiene de ellas, promueven la duda y la confusión en su sentido de identidad. En estas condiciones, y sin tener cómo *identificarse*, tales individuos pueden acabar con una *crisis de identidad*.

Una definición informal de *identificarse* es "decir o describir quién es una persona o lo que es". Si somos honestos con nosotros mismos, ninguna de las generalizaciones de la sociedad puede explicar con exactitud quiénes somos como individuos. Siempre habrá inconsistencias entre cómo la sociedad nos define y cómo nos autodefinimos. Una verdad fundamental es que toda persona tiene una necesidad de *identificarse* que se relaciona con autodefinirse y ser reconocible para los demás.

Te quiero preguntar lo siguiente:

"¿Quién eres?"
"¿Cómo te *identificas*?"
"¿Qué es lo dicta o describe quién eres o lo que eres?"

En todas partes hay personas que se hacen esta pregunta: *¿Quién soy?* – y mientras algunas logran descubrir quiénes son, y vivir una vida significativa y satisfactoria en su identidad, otras enfrentan dificultades. Algunas personas son rechazadas, están desesperanzadas y desconsoladas, y cada vez les cuesta más creer que alguna vez podrán llegar a identificarse realmente. Otras incluso se aferran a una identificación equivocada, a algo que ni siquiera las representa; o bien, se niegan por completo a *identificarse*.

El propósito de este libro, *Identify*, es:

- reconocer la importancia que tiene nuestra identidad individual

- ayudar a las personas que están luchando con su identidad, y

- llevar a todo lector a *identificarse* bajo la luz de Cristo como un hijo de Dios, lo cual producirá una seguridad, confianza, esperanza y realización que perdurarán.

¡Es muy importante que sepas quién eres y que puedas tener confianza en tu identidad! El primer paso para identificarnos correctamente es darnos cuenta de que somos seres humanos que fuimos creados para *identificarnos* con Dios. Ya sea que creas o no en Dios y en que Jesús es Su Hijo, ¡te animo ahora mismo a que consideres tu identidad y este libro bajo la luz de un Padre celestial amoroso que te creó y ha planeado que te *identifiques* como Su hijo!

Te presentaré algunas escrituras bíblicas que prepararán tu corazón para recibir lo que Dios tiene para ti en este libro, *Identify*:

"27 Y Dios creó al hombre a Su propia imagen; a imagen de Dios lo creó; varón y hembra los creó".
Génesis 1:27 (NKJV)

"12 Mas a todos los que le recibieron, les dio potestad de ser hechos hijos de Dios, a los que creen en Su Nombre".
Juan 1:12 (NKJV)

"16 Porque de tal manera amó Dios al mundo que dio a su Hijo unigénito, para que todo aquel que en él cree no se pierda, mas tenga vida eterna".
Juan 3:16 (NKJV)

"1 ¡Fíjense qué gran amor nos ha dado el Padre, que se nos llame hijos de Dios! ¡Y lo somos! El mundo

no nos conoce, precisamente porque no lo conoció a él".
1 Juan 3:1 (NVI)

"18 Porque considero que los sufrimientos de este tiempo presente no son dignos de compararse con la gloria que será revelada en nosotros. 19 Porque el anhelo ardiente de la creación aguarda ansiosamente la manifestación de los hijos de Dios".

"29 Porque a los que de antemano conoció, también los predestinó para que fueran hechos conforme a la imagen de Su Hijo, para que Él sea el primogénito entre muchos hermanos".
Romanos 8:18-19, 29 (NKJV)

CAPÍTULO 1: ¿QUIÉN ES CRISTO?

Creo que es muy importante que antes de hablar sobre identidad pueda compartir mi convicción de que la verdadera identidad se encuentra en Dios, concretamente, en Su Hijo Jesucristo. Hoy en día hay muchos sentires y opiniones sobre quién es Jesús, pero solo la Biblia, la Palabra escrita de Dios e inspirada por Él (2 Tim. 3:16), puede iluminar los ojos del corazón para ver (es decir, para poder conocer, comprender y reconocer quién es Él realmente).

La respuesta a la pregunta *¿Quién es Cristo?* diferirá dependiendo de a quién le preguntes, y esa respuesta probablemente se basará en la perspectiva que tiene la persona que responde. Sin embargo, este capítulo de *Identify* responderá la pregunta de *¿Quién es Cristo?* a través de versículos específicos de la Palabra de Dios que revelan la propia identidad que Jesucristo aceptó y portó; es decir, quién dijo ser en Sus propias Palabras.

Un punto inicial a destacar es que *Cristo* no es el apellido de Jesús. *Cristo* proviene de la palabra griega *Christos* que significa *el Ungido* o *el Escogido*. Es equivalente a la palabra hebrea *Mashiach* que es *Mesías*, y se refiere al Salvador, Libertador y Rey de los judíos prometido por Dios.

La Biblia contiene un relato histórico exacto y detallado del Ungido o Mesías, e incluye las profecías del Antiguo Testamento que anuncian y revelan la persona de Jesucristo (Is. 61:1-3), y las referencias del Nuevo Testamento que comunican el cumplimiento y la realidad de esas mismas profecías (Lc. 4:18-21). En este capítulo de *Identify* mencionaremos versículos en referencia a los primeros cuatro libros del Nuevo Testamento de la Biblia. Estos libros (Mateo, Marcos, Lucas y Juan) se llaman *Los Evangelios* y relatan la vida y el ministerio de Cristo, ¡e incluso registran Sus propias palabras!

En el Evangelio de Mateo se registra en dos ocasiones diferentes que Dios mismo habló desde el cielo acerca de Jesús, diciendo: "Este es mi Hijo amado, en quien tengo complacencia". La primera de ellas se encuentra en Mateo 3:17, luego de que Jesús fuera bautizado. La segunda, en Mateo 17:5, donde Jesús se transfiguró en el monte estando con tres de Sus discípulos. (Los otros versículos en los Evangelios que registran los mismos relatos donde Dios habló desde el cielo, testificando que Jesús era Su Hijo amado son: Mc. 1:11, 9:7 y Lc. 3:22, 9:35). ¡Piensa en lo relevante que es esto, Dios mismo habló desde el cielo e identificó a Jesús como Su Hijo amado!

Creo que a lo largo de Su vida y ministerio, Jesús tuvo certeza de Su identidad como Cristo, el Hijo de Dios, y que Su confianza se basaba en las Palabras que Dios dijo en tantas ocasiones al referirse a Él, incluso en las profecías del Antiguo Testamento. Pues, ¿cómo podría haberse dispuesto a soportar la vergüenza, una tortura espantosa y la dolorosa muerte de cruz si no hubiera confiado en Quién era y en el propósito que estaba cumpliendo? Jesús conocía las Palabras que Dios había pronunciado, y aceptó las responsabilidades que venían con la identidad que Dios le había dado. En Juan 6:38, Jesús dijo:

"38 Porque he descendido del cielo, no para hacer Mi voluntad, sino la voluntad del que me envió".
Juan 6:38 (NKJV)

Como comentaré en un próximo capítulo, ¡nuestra identidad también debiera basarse en la voluntad de Dios para nosotros! Jesús sabía y aceptaba que Su vida tenía un propósito conforme a la voluntad de Dios. Él basó Su confianza en las Palabras que Dios había hablado, y vivió Su identidad intencionadamente. En los Evangelios podemos ver que Jesús se identificó como el Cristo, el Hijo de Dios; y que vivió como tal.

Al adentrarnos en la identidad de Cristo según Sus propias palabras, revisaremos un punto muy importante que compartí en la Introducción: toda persona tiene la necesidad de identificarse. Esta necesidad se relaciona tanto con identificarse a uno mismo, como con ser identificado por los demás.

En el capítulo 16 del Evangelio de Mateo, a partir del versículo 13, vemos que Jesús habló a Sus discípulos acerca de Su identidad:

> *"¹³ Cuando Jesús llegó a la región de Cesarea de Filipo, preguntó a Sus discípulos, diciendo: —*
> *¿Quién dicen los hombres que Yo, el Hijo del hombre, soy?*
> *¹⁴ Entonces ellos dijeron, 'Unos dicen Juan el Bautista, otros, Elías, y otros, Jeremías o alguno de los profetas'.*
> *¹⁵ Él les dijo, 'Y vosotros, ¿quién decís que soy?'*
> *¹⁶ Simón Pedro respondió, diciendo: 'Tú eres el Cristo, el Hijo del Dios viviente'.*
> *¹⁷ Jesús le respondió, diciendo: 'Bienaventurado eres, Simón, hijo de Jonás, porque no te lo reveló carne ni sangre, sino Mi Padre que está en los cielos'".*
> **Mateo 16:13-17 (NKJV)**

Jesús preguntó a Sus discípulos: "¿Quién dicen los hombres que Yo, el Hijo del hombre, soy?". Luego preguntó a Sus discípulos: "Y vosotros, ¿quién decís que soy?". Ahora bien, dentro del contexto de este pasaje, en el versículo 17 entendemos que Jesús ya sabía *Quién era*, y estaba confiado en cómo debía identificarse. Por tanto, las preguntas que hizo a Sus discípulos se relacionaban con Su necesidad de que los demás Lo identificaran.

Sin duda que Jesús tenía motivo para preguntar esto a Sus discípulos, pues en el versículo 14 se muestra que Lo estaban identificando con muchas otras personas, incluyendo a "Juan el Bautista... Elías... Jeremías o alguno de los profetas". En el versículo 17, Jesús confirma la revelación que tuvo Simón Pedro cuando dijo: "Tú eres el Cristo, el Hijo del Dios viviente".

Tiene mucho sentido que Jesús, quien conocía Su identidad y destino final, necesitara asegurarse de que Sus discípulos, Sus seguidores más cercanos, conocieran Su verdadera identidad como el Cristo, el Hijo del Dios viviente. Él sabía que los discípulos necesitaban estar seguros de Su identidad para poder continuar la obra que Él vino a comenzar. En Lucas 10:22-24, Jesús dijo:

"22 Todas las cosas Me fueron entregadas por Mi Padre, y nadie sabe quién es el Hijo sino el Padre, ni quién es el Padre sino el Hijo, y aquel a quien el Hijo se lo quiera revelar.
23 Luego se volvió hacia Sus discípulos y les dijo en privado: "Bienaventurados los ojos que ven las cosas que vosotros veis;

24 porque os digo que muchos profetas y reyes han deseado ver lo que veis, y no lo han visto, y oír lo que oís, y no lo han oído".
Lucas 10:22-24 (NKJV)

Continuando con el punto de que Jesús necesitaba que Sus discípulos lo identificaran, el pasaje anterior muestra que Él les dijo esencialmente lo siguiente: *Me estoy revelando a ustedes, muchos han deseado ver y oír lo que ustedes están viendo y oyendo, pero no lo han hecho.* ¡Jesús quería que Sus discípulos lo conocieran! En otra ocasión, en Juan 15:16, Jesús les

11

dijo:

> *"16 Vosotros no me elegisteis a Mí, sino que Yo os elegí a vosotros y os puse para que vayáis y deis fruto, y vuestro fruto permanezca, para que cuanto pidáis al Padre en Mi nombre, os lo dé".*
> **Juan 15:16 (NKJV)**

Jesús sabía que para que Sus discípulos estuvieran en posición de pedir a Dios Padre y de recibir de Él, primero tendrían que confiar en Su propia identidad como Hijo de Dios.

A lo largo de todas las escrituras del Nuevo Testamento Jesús se autoidentifica como el Cristo, el Hijo del Dios viviente. Sin embargo, en el mundo actual, los hombres y mujeres siguen identificándolo a su propio modo. Algunos lo hacen simplemente como *un profeta*, otros, solo como *un hombre muy bueno*; pero conforme a lo que detalla este capítulo, ¡considera cómo se identificó a Sí mismo!

En el Evangelio de Juan, capítulo 4, versículos 25-26, Jesús se identifica como el Mesías, llamado Cristo.

> *"25 La mujer le dijo: 'Yo sé que el Mesías viene' (quien se llama Cristo). 'Cuando Él venga nos dirá todas las cosas. 26 Jesús le dijo: Yo soy Él, el que habla contigo".*
> **Juan 4:25-26 (NKJV)**

Si alguno se pregunta, *¿Y por qué podría importar la identidad de Cristo?* Importa, porque Cristo, el Hijo del Dios Viviente, dijo en Su identidad:

> *"16 Porque de tal manera amó Dios al mundo que dio*

a su Hijo unigénito, para que todo aquel que en él
cree no se pierda, mas tenga vida eterna".
Juan 3:16 (NKJV)

La identidad de Cristo te importa porque fue en Su identidad como Hijo de Dios que dio Su vida por ti y te presentó el camino para que recibas el don del perdón de pecados y la vida eterna por medio de Su resurrección. En Juan 10:17-18, Él dijo:

"[17] Por eso Me ama el Padre, porque yo pongo Mi vida para volverla a tomar. [18] Nadie me la quita, sino que Yo de Mí mismo la pongo. Tengo poder para ponerla y tengo poder para volverla a tomar. Este mandamiento he recibido de Mi Padre".
Juan 10:17-18 (NKJV)

¡Jesús, el Hijo de Dios, se identificó como viniendo a dar Su vida, pero teniendo poder para volverla a tomar! Su propósito al morir era pagar el precio que correspondía a la humanidad por su pecado (o malas acciones). Pues Dios odia el pecado, y el pecado clama por Su juicio. A los ojos de Dios, el precio que se debe pagar por el pecado es la muerte.

Como comentaremos en un próximo capítulo, la raza humana nace en pecado debido a la caída (o engaño) de la humanidad que ocurrió con Adán y Eva, y la serpiente en el Jardín del Edén. Solo Uno podía redimir a la humanidad de la caída, Dios mismo, por medio de Jesucristo. Jesús murió y resucitó para que no fueran los hombres quienes tuvieran que llevar el castigo del pecado, sino que pudieran aceptar el perdón mediante Su sacrificio, y la vida eterna por medio de Su resurrección.

En el Evangelio de Juan, capítulo 17, Jesús ora a Dios Padre por Sí mismo, por Sus discípulos, y por quienes creerían en Él. Te animo a leer Juan 17, el capítulo completo contiene las Palabras de Cristo y da una imagen muy clara de Su identidad como Hijo de Dios. En el versículo 3, Jesús describe la vida eterna como "...conocer a Dios, el único Dios verdadero, y a Jesucristo, a quien Él ha enviado".

Otra porción clave de Juan 17 son los versículos 20 y 21:

> *"20 No ruego solamente por estos (Mis discípulos), sino también por aquellos que creerán en Mí por medio de su palabra; 21 para que todos puedan ser uno, como Tú, Padre, estás en Mí, y Yo en Ti; para que también ellos puedan ser uno en Nosotros, para que el mundo crea que Tú Me enviaste".*
> **Juan 17:20-21 (NKJV)**

La oración de Jesús muestra que Él estaba consciente de que había personas que aún no creían que Él era el Hijo de Dios, pero que en algún momento llegarían a creer. ¡Incluso llegó a orar por todos los que creerían en Él! Ahora mismo, mientras te comparto acerca de quién es Cristo, espero que veas a Jesús tal como Él dijo ser: el Hijo de Dios. Es muy importante que llegues a este punto de identificación con Cristo, pues nunca lograrás saber quién eres si no sabes quién es Él.

Como compartiré en los próximos capítulos, Dios quiere que Su creación se identifique con Él. Esto comienza con reconocer a Jesucristo como Su Hijo, y aceptar la identidad que Dios te ha dado en Cristo, como hijo de Dios. El deseo de mi corazón es ayudarte a identificar a Cristo como el Hijo de Dios, para que así puedas identificarte con Dios. En Romanos 8:29 leemos que Dios te conoció de antemano y te predestinó para que fueras transformado a la imagen de Su Hijo.

"29 Porque aquellos a quienes antes conoció [y amó y escogió de antemano], también predestinó a ser conformados a la imagen de Su Hijo [y llegar finalmente a compartir Su total santificación], para que Él fuera el primogénito [el más amado y honrado] entre muchos creyentes".
Romanos 8:29 (AMP)

Es importante que estés firme en la identificación correcta del Hijo de Dios, pues tu identidad se encuentra en Él. Si al leer esto has llegado a creer que Jesús es el Cristo, el Hijo del Dios viviente, y nunca has recibido Su regalo de salvación, en Romanos 10:9-10 leemos:

"9 que si confiesas con tu boca al Señor Jesús y crees en tu corazón que Dios le levantó de los muertos, serás salvo. 10 Porque con el corazón se cree para justicia, y con la boca se hace confesión para salvación".
Romanos 10:9-10 (NKJV)

Te invito en este instante a recibir el regalo de la salvación de Cristo, diciendo en voz alta una simple oración:

¡Querido Padre Celestial, creo que Jesús es el Hijo Dios, que Lo enviaste a morir por mis

*pecados, y que fue resucitado de los muertos!
Padre, ahora en arrepentimiento te pido que
perdones mis pecados. Creo que la sangre de Jesús
me lava. Jesús, ven a mi corazón, te hago el Señor
de mi vida. ¡En tu nombre Jesús, Amén!*

Si ya recibiste salvación y hoy quisieras rededicar tu vida a Cristo, solo haz en voz alta esta oración:

*Padre Dios, ¡gracias por enviar a Jesús!
Señor, te pido que perdones mis errores y me
restaures de vuelta a Ti. ¡Nada se compara a la vida
que Tú tienes para mí, Dios! Creo que la sangre de
Jesús me lava, y que soy Tu hijo. ¡Espíritu Santo,
lléname! ¡Gracias por una unción fresca! ¡En el
nombre de Jesús, Amén!*

¡Si acabas de orar alguna de estas oraciones ya eres parte de la familia de Dios! ¡Gloria a Él! Te animo a buscar en tu localidad una buena iglesia donde tu relación con Jesús pueda seguir creciendo. ¡Recuerda siempre que Dios te ama y que eres Su hijo!

Lo que resta de este capítulo, *¿Quién es Cristo?*, proviene por completo de la Biblia, en el Evangelio de Juan, Capítulo 6, versículos 35-47:

*"35 Y Jesús les dijo: 'Yo soy el pan de vida. El que
viene a Mí nunca tendrá hambre, y el que en Mí cree
nunca tendrá sed. 36 Pero os he dicho que Me
habéis visto y aún no creéis. 37 Todo lo que el Padre
me da vendrá a mí, y al que a mí viene, de ninguna
manera lo echaré fuera. 38 Porque he descendido
del cielo, no para hacer Mi voluntad, sino la voluntad*

de Aquel que me envió. [39] Esta es la voluntad del Padre que Me envió, que de todo lo que Me ha dado no pierda nada, sino que lo resucite en el último día. [40] Y esta es la voluntad del que Me envió, que todo el que ve al Hijo y cree en Él tenga vida eterna; y Yo lo resucitaré en el último día'. [41] Entonces los judíos se quejaban de Él, porque decía: 'Yo soy el pan que descendió del cielo'. [42] Y decían: '¿No es este Jesús, el hijo de José, cuyo padre y madre conocemos? ¿Cómo es que dice: 'He bajado del cielo'?'. [43] Entonces Jesús respondió y les dijo: 'No murmuréis entre vosotros. [44] Nadie puede venir a Mí a menos que el Padre que Me envió lo atraiga; y Yo lo resucitaré en el último día. [45] Está escrito en los profetas: 'Y todos serán enseñados por Dios'. Por tanto, todo el que ha oído y aprendido del Padre viene a Mí. [46] No que alguno haya visto al Padre, sino el que es de Dios; Él ha visto al Padre. [47] De cierto, de cierto os digo: El que cree en Mí tiene vida eterna".
Juan 6:35-47 (NKJV)

CAPÍTULO 2: ¿QUIÉN SOY?

Hoy, por experiencia personal y por la gracia de Dios, puedo dar un testimonio acerca de identidad. Lo que me motiva a escribir este libro es el amor de Dios y la gratitud que albergo en mi corazón por las experiencias que he vivido al llegar a identificarme en Cristo como un hijo de Dios.

Recibí a Jesús como mi Señor y Salvador siendo un niño, a los 9 años, haciendo una oración similar a la que algunos de los que leen acaban de hacer en el último capítulo. Yo creía que Jesús era el Hijo de Dios, y que vino, murió y resucitó para que yo recibiera el perdón de mis pecados y para librarme de ir al infierno por la eternidad. Pese a esto, no fue sino hasta los 19 años, casi al cumplir los 20, que realmente comencé a valorar una relación con Jesús en una búsqueda por comprender la plenitud de Quién es, y a vivir para identificarme en Él.

Crecí asistiendo a la iglesia, y siempre he entendido

la diferencia que existe entre el cielo y el infierno: el cielo es bueno y es el lugar a donde hay que ir; el infierno es malo y no hay que ir ahí. Habiendo crecido como un joven cristiano, mi comprensión del cielo y el infierno fue parte importante de lo que motivaba mi fe en Jesús. Él era la única forma en que una persona podía salvarse de ir al infierno, a donde sabía que no quería ir, ¡así que Jesús era mi respuesta!

Solo con ese entendimiento llegué a ser salvo, lo cual es bueno; ¡pero tener fe en Jesús es mucho más que simplemente ser salvado de ir al infierno! Dios quiere que crezcamos cada vez más en Su amor y que nos volvamos como Cristo, ¡identificándonos como Sus propios hijos! En la *Introducción* compartí uno de mis versículos bíblicos favoritos, 1 Juan 3:1, que dice:

"1 ¡Fíjense qué gran amor nos ha dado el Padre, que se nos llame hijos de Dios! ¡Y lo somos! El mundo no nos conoce, precisamente porque no lo conoció a él".
1 Juan 3:1 (NVI)

¡Me gusta tanto este versículo, porque habla del *GRAN AMOR* que el Padre Dios ha *PRODIGADO* sobre nosotros para que seamos llamados *HIJOS DE DIOS*! Aquí se utiliza la palabra *GRAN* como un adjetivo para describir el *AMOR* de Dios. ¡Otras palabras similares a *GRAN* son excepcional, extraordinario, especial e importante! Todas ellas se usan para describir algo que es considerablemente superior a lo normal o promedio. ¡El amor de Dios por nosotros es *GRANDIOSO*! ¡Y para darnos aún mayor certeza, en este versículo se usa la palabra *PRODIGADO* como verbo de acción que describe la forma en que ese *GRAN AMOR* se acumula, se derrama y nos envuelve al ser llamados *HIJOS DE DIOS*! Gloria a Dios, ¡esto es increíble! Y como si eso no fuera suficiente, el versículo nos sigue reafirmando al decir: "¡Y lo somos!" - ¡somos hijos de Dios!

Respondiendo a la pregunta: *¿Quién soy?*, primero confesaré que soy alguien que ha experimentado personalmente una lucha de identidad. Con respecto a esto, creo que el factor principal para quien enfrenta una lucha de identidad es su falta de reconocimiento, por la razón que sea, del amor que Dios le demostró en Cristo. El *Reconocimiento* del amor de Dios se abordará en el Capítulo 4, pero para el punto en cuestión: *¿Quién soy?*, puedo decir que soy alguien que a través de la experiencia ha crecido confiado en el amor de Dios y en su identidad como hijo de Dios.

Anteriormente compartí que recibí a Cristo cuando era niño, por no querer irme al infierno. Aunque mi enfoque en la realidad del cielo y el infierno me sirvió para recibir la salvación, no me sirvió en el transcurso de mi experiencia cristiana. Me refiero a que enfocarse en la realidad del cielo y el infierno nos distrae de enfocarnos en el amor de Dios. Aunque explicaré esto con mayor detalle, siempre debemos recordar que el enfoque de todo creyente en Cristo debiera estar en el amor de Dios.

Dado que siendo un adolescente mi enfoque estaba puesto en no irme al infierno, viví con conciencia de pecado y con temor de decepcionar a Dios (consciente de mis tantos errores y con terror de terminar yendo al infierno). Esto no es saludable para un creyente porque fomenta una mentalidad de obras y nos quita la confianza en el amor de Dios hacia nosotros como Sus hijos. En otras palabras, estarás obrando para ganar el amor de Dios al hacer todo bien, en lugar de recibir Su amor únicamente sobre la base de ser Su hijo. En Efesios 2:8-9, leemos:

"⁸ Porque por gracia ustedes han sido salvados mediante la fe; esto no procede de ustedes, sino que es el regalo de Dios, ⁹ no por obras, para que nadie se jacte".
Efesios 2:8-9 (NVI)

Mi mentalidad errada me hizo cargar con mucha culpa y condenación. Mis pensamientos hacia mí mismo se fueron volviendo cada vez más negativos. A veces sentía que Dios estaba enojado conmigo y que tenía que estar arrepintiéndome todo el tiempo y haciendo algo bien para complacerlo; de lo contrario acabaría yéndome al infierno. Esta línea de pensamiento me volvía inseguro de mi fe, y mientras más inseguro estaba, era más vulnerable para albergar pensamientos equivocados y actuar mal.

Recuerdo las presiones mentales y emocionales de aquellos años, pensamientos y sentimientos sobre mi propia identidad y sobre quién llegaría a ser como persona, e incluso sobre las expectativas que otros tenían de mí. En ese entonces estaba entrando en la realidad del autoconocimiento. El diccionario de inglés *Oxford Languages* define autoconocimiento como "el conocimiento consciente del carácter, sentimientos, motivos y deseos propios de la persona". Tal vez lo hayas oído mencionar como *encontrarte a ti mismo*. En ese tiempo estaba *encontrándome a mí mismo.*

Hoy, al mirar atrás, me doy cuenta de lo críticos que pueden ser los años de la adolescencia en la vida de una persona. No sabía a plenitud quién era ni quién quería llegar a ser. Pero lo estaba descubriendo. Puedo decir que me estaba encaminando a la desilusión mientras intentaba ser perfecto separado de la fuerza de Dios, porque nadie es perfecto excepto Jesucristo. Pero cuando buscamos la perfección por medio de la fe nos damos cuenta de que nos vamos volviendo más y más como Él.

Al final, y después de haber fracasado una y otra vez en mis propias fuerzas, un autoconocimiento negativo me hizo a su vez caer en conductas negativas. Muy pronto comencé a identificarme en base a esa conducta, y no en base a mi fe en Jesucristo.

Si bien este capítulo se centra específicamente en mis experiencias personales en torno a la identidad, en general existen muchas otras cosas además de la conducta en las que alguien puede decidir basar su identidad. Algunas personas pueden hacerlo en su familia, su trabajo, su estatus social y mucho más. Solo ocurre que yo me basé en mi conducta.

Para cuando cumplí 19 años, algunas de mis conductas erradas como el mal genio, pelear, tomar alcohol, fumar, y tener sexo fuera del matrimonio, se habían vuelto una rutina, una forma de vida. Dado que estas conductas eran habituales y difíciles de cortar sin una intervención divina, me hacían sentir que era un fracaso de persona. Empecé a sentir como si también mi familia y mis amigos más cercanos pensaran que yo era un fracaso. Aunque no me malentiendas, ¡en ese momento estaban ocurriendo muchas cosas buenas en mi vida! Sin embargo, yo estaba viviendo fuera de la voluntad de Dios, y la identidad negativa que había escogido para mí me hacía sentir estancado.

Para todo adolescente que esté leyendo en este momento, esto es lo que hay en mi corazón: ¡quiero que entiendas que Dios conoce las presiones que hay en tu vida! Hebreos 4:15 nos comparte que Jesús se compadece de nuestras debilidades y fue tentado en todo según nuestra semejanza, pero que permaneció sin pecar. Dondequiera que estés, es un truco del diablo hacerte pensar y sentir que es imposible tener una relación con Dios y vivir para Él. Lo cierto es que Dios está dispuesto a estar contigo y a ayudarte a superar LO QUE SEA que estés experimentando; ¡y a darte confianza en la identidad y el propósito que Él te dio! Pero primero tienes que darle el lugar correcto en tu vida, es decir, el PRIMER LUGAR: ¡Él tiene que ser tu prioridad!

Cuando tenía 19 años, estaba una noche en una fiesta en un club. Me había reunido ahí con compañeros y amigos para pasar un buen rato, pero toda la noche tuve una sensación rara en mi corazón. Sentía como si algo no estuviera bien y necesitaba conversarlo con Dios. Muy pronto salí solo afuera y me senté en el patio mientras fumaba un cigarro.

Entonces uno de mis primos mayores me vio y se acercó a hablarme. Me sorprendió verlo, así que me apresuré a apagar el cigarro y actué como si todo estuviera bien; pero estaba muy estresado. Él se dio cuenta y me dijo que todo estaba bien. Me contó que estaba ahí con algunos miembros de mi familia, y al levantar la mirada los vi sentados a unos pocos metros de distancia. Así que me tragué mi orgullo, me levanté y fui a saludar y mostrar algo de cariño a todos. Pero como todavía tenía esa sensación inquietante en mi corazón, y sintiéndome aún más vulnerable al ver ahí a mi familia, decidí dejar la fiesta temprano. Necesitaba resolver este tema con Dios.

Después de irme del club, el sentimiento en mi corazón me llevó a preguntarme delante de Dios: *¿Quién soy realmente? ¿En qué me he permitido convertirme?*. Él comenzó esa misma noche a tratar conmigo por haber sido un hipócrita. Siempre pensé que un hipócrita era alguien que juzgaba a otros por hacer cosas de las que ellos mismos eran culpables, pero Dios me mostró de una manera muy simple que un hipócrita era un farsante. A los ojos de Dios, yo estaba fingiendo tener todo bajo control pues no venía a Él para enfrentar la *crisis de identidad* que me tenía atrapado en una mentalidad de fracaso. Siendo un farsante, no me había juzgado según debía conforme a los estándares de Dios.

Anteriormente, en la *Introducción*, definimos lo que era una *crisis de identidad* según el Diccionario de inglés *Oxford Languages*: "un período de incertidumbre y confusión en el cual el sentido de identidad de una persona se vuelve inestable, normalmente debido a un cambio en sus metas previstas o en su rol dentro de la sociedad". Yo no estaba inseguro de cuál era mi identidad, porque la había basado en conductas contrarias a los estándares morales que sabía que eran los correctos en Dios. Mi identidad no era consistente con la confesión de fe en Jesucristo que había hecho de niño.

Dios abrió los ojos de mi entendimiento para ver que la condición de mi corazón era el resultado de rechazarlo a Él y Su manera de hacer las cosas. Lo más crítico de la situación era que yo sabía lo que era correcto, pero en rebeldía había escogido el mal. Esto provocó un quiebre en mi corazón que me llevó a experimentar una *crisis de identidad*.

Desde hace un tiempo, Dios ha estado llamando a algunos de ustedes (los lectores). Por *llamar* me refiero a que Él ha estado tratando con tu corazón para que te vuelvas a Él con plena confianza. Quizás has estado haciendo algo en tus propias fuerzas, o separado de Él y fuera de Su voluntad. Como alguien que ha encontrado paz en la esperanza eterna de Cristo Jesús, déjame animarte hoy a entregarlo TODO a Él. ¡Dios es un Dios tan bueno, y verdaderamente no existe una realidad mejor para tu vida que la de tu identidad en Cristo! Si tienes alguna duda sobre cuál será el resultado de Sus planes para tu vida, Jeremías 29:11, dice:

"11 Porque yo sé muy bien los planes que tengo para ustedes —afirma el SEÑOR—, planes de bienestar y no de calamidad, a fin de darles un futuro y una Esperanza".
Jeremías 29:11 (NVI)

El resultado de Sus planes es un futuro y una esperanza. Hay personas que han aceptado algunas ideas acerca de Dios que simplemente no son ciertas, como por ejemplo, que Él está buscando derramar Su ira sobre ti o castigarte. Dios es pleno de gracia y perdonador, y la Biblia dice que de ninguna manera rechazará a los que vienen a Él (Juan 6:37).

Luego de que se abrieran los ojos de mi entendimiento acerca de mi *crisis de identidad*, me alejé de mi identificación errónea y me volví a Dios arrepentido y pidiendo Su perdón, mientras confesaba que Lo necesitaba. En ese momento de mi vida, mi corazón comenzó a llenarse con una convicción real de carácter. Comencé a buscar a Dios, a leer más mi Biblia y a orar más. Pese a esto, fue difícil separarme de algunas de las cosas a las que me había apegado. Mi espíritu estaba dispuesto, pero mi carne era débil. De todas maneras, seguí buscando más de Dios en mi vida.

Comencé a ir regularmente a la iglesia *More Than Conquerors Faith Church,* en Birmingham, Alabama, con el pastor Steve Green, y estar en la iglesia me ayudó mucho. Además comencé a ver en TBN el programa *Changing Your World*, con el pastor Creflo Dollar de *World Changers Church International,* en Atlanta, Georgia. Oír al pastor Dollar predicar y enseñar constantemente acerca de la gracia de Dios me ayudó a entender con mayor claridad el REGALO de la salvación.

El mensaje se hizo una realidad: Jesucristo, el Hijo de Dios, vino a completar una obra que nosotros, como seres humanos, no podíamos completar por nosotros mismos. Me di cuenta de que la salvación que había RECIBIDO de ÉL no se ganaba, no se merecía ni se basaba en alguna habilidad humana o fuerza personal, ¡sino que había sido DADA por la GRACIA DE DIOS, por medio de mi FE EN JESÚS! ¡Es la fe en Jesús la que nos da acceso a la gracia de Dios! Es la gracia de Dios la que nos salva, nos libra del poder del pecado, y nos capacita para vivir como Sus hijos en la tierra. En Juan 1:12, leemos:

"12 Mas a todos los que le recibieron, les dio potestad de ser hechos hijos de Dios, a los que creen en Su Nombre".
Juan 1:12 (NKJV)

Algunas escrituras de gracia que me ayudaron mucho son Romanos 3:21-24 y 6:14, y 2 Corintios 12:9:

"21 Pero ahora la justicia de Dios aparte de la ley se revela, atestiguada por la Ley y los Profetas, 22 la justicia de Dios, por la fe en Jesucristo, para todos y sobre todos los que creen. Porque no hay diferencia; 23 por cuanto todos pecaron y están destituidos de la gloria de Dios, 24 siendo justificados gratuitamente por Su gracia mediante la redención que es en Cristo Jesús".
Romanos 3:21-24 (NKJV)

"14 Porque el pecado no se enseñoreará de vosotros, pues no estáis bajo la ley, sino bajo la gracia".
Romanos 6:14 (KJV)

"9 Y me dijo: "Te basta Mi Gracia, porque Mi poder se perfecciona en la debilidad".
2 Corintios 12:9 (NKJV)

Una vez que pude entender la gracia de Dios me entusiasmé de crecer en mi relación con Él. En el pasado mi autoimagen negativa me había llevado a resultados de fracaso. Pero propuse en mi corazón andar en Su voluntad, por gracia, por medio de la fe; identificándome como *hijo de Dios*, y mi autoimagen positiva como tal comenzó a llevarme a resultados de crecimiento, prosperidad y éxito en la vida.

Han pasado más de diez años desde que volví a comprometer mi vida a Dios, y de todo lo que he experimentado desde entonces, nada ha sido más satisfactorio que vivir la realidad de mi identidad bajo el derecho de convertirme en un hijo de Dios, ¡y estoy lo suficientemente seguro de que nunca nada lo será!

CAPÍTULO 3: ¿QUIÉNES SOMOS?

Oro para que la información que he compartido hasta ahora te haya ayudado a ver lo importante que es la identidad personal. El fundamento bíblico que abordaré en este capítulo permitirá que toda persona pueda comenzar a identificarse a la luz de quién Dios la creó para ser. Todos somos seres humanos y creación de Dios, independientemente de cuál sea nuestra raza, estatus social, género, familia de origen y muchas otras cosas en que las personas basan su identidad.

La Biblia, en el Antiguo Testamento, entrega evidencia reveladora y un trasfondo histórico preciso sobre la relación y las interacciones de Dios con la humanidad, y que nos llevan hasta la venida de Su Hijo, Jesucristo. Debemos tener en cuenta que el Antiguo Testamento no es meramente una compilación de relatos irrelevantes y obsoletos.

Romanos 15:4, dice:

"4 Porque las cosas que se escribieron antes, para nuestra enseñanza se escribieron, a fin de que por la paciencia y la consolación de las Escrituras tengamos esperanza".
Romanos 15:4 (NKJV)

En el libro de Génesis ("en el principio"), vemos que fue Dios quien creó al ser humano (a la humanidad). El hombre que se identifica a la luz de la creación de Dios podrá traspasar algunas barreras que fueron establecidas por influencias meramente humanas, y estará más cerca de identificarse como un hijo de Dios.

En el capítulo 1 de Génesis vemos a Dios cuando creó al hombre. Los versículos 26-27, dicen:

"26 Dijo Dios: Hagamos [Padre, Hijo y Espíritu Santo] a la humanidad a Nuestra imagen, conforme a Nuestra semejanza, y tenga plena autoridad sobre los peces del mar, las aves del cielo, las bestias [mansas], y sobre toda la tierra, y sobre todo lo que se arrastra sobre la tierra. 27 Y creó Dios al hombre a Su imagen, a imagen y semejanza de Dios lo creó; varón y hembra los creó".
Génesis 1:26-27 (AMPC)

Entre otras criaturas, Dios creó al hombre como un ser viviente, pero especialmente diferente de todas aquellas. Dios habló y creó el resto de los seres vivientes según su especie, fueran del agua, del aire (verss. 20-22), o de la tierra (verss. 24-25). Pero cuando creó al hombre hizo una distinción clara que se evidenció cuando le dio autoridad sobre el resto de las criaturas. Cuando Dios creó al hombre lo hizo "...a Su imagen". ¡Estas tres palabras son fundamentales para que el hombre pueda identificarse! ¡El hecho de que Dios nos creara "...a Su imagen" significa que nos hizo para ser como Él! Tal vez te preguntes, *¿y qué significa eso realmente?* Bueno, significa que Dios nos dio una naturaleza semejante a Su propia naturaleza. La versión de la Biblia Amplificada Edición Clásica de Génesis 1:26 nos ayuda a comprender la naturaleza de la existencia de Dios:

"26 Dijo Dios: Hagamos [Padre, Hijo y Espíritu Santo] a la humanidad a Nuestra imagen, conforme a Nuestra semejanza...".
Génesis 1:26 (AMPC)

Dios es un solo Ser, sin embargo, la naturaleza de Su existencia está conformada por tres Personas: el Padre, el Hijo (Jesucristo, la Palabra de Dios hecha carne) y el Espíritu Santo. Esto es importante, pues dado que Dios creó a la humanidad a Su imagen y semejanza, también le dio al hombre una naturaleza de existencia tripartita. Las partes que conforman la existencia del hombre son el espíritu, el alma y el cuerpo. 1 Tesalonicenses 5:23 es un ejemplo bíblico de la existencia tripartita del hombre:

"23 Y el mismo Dios de paz os santifique por completo; y que todo vuestro espíritu, alma y cuerpo sean guardados irreprensibles para la venida de nuestro Señor Jesucristo".
1 Tesalonicenses 5:23 (NKJV)

El hombre es un ser eterno. Como ser humano, tú

eres un espíritu que tiene un alma y vive en un cuerpo físico. Tu espíritu es la parte de ti que vive para siempre. Tu alma incluye tu mente, tu voluntad y tus emociones (pensamientos, sentimientos, etc.). Dios diseñó que tu alma estuviera íntimamente entretejida con tu espíritu; sin embargo, tu alma no es tu espíritu. Hebreos 4:12 nos dice cómo la Palabra de Dios divide tu alma de tu espíritu.

Al igual que las otras criaturas vivientes de Dios que hay sobre la tierra, tú te relacionas con el reino de los sentidos (el reino natural) a través de tu alma y de tu cuerpo. Tu cuerpo fue formado por Dios del polvo de la tierra, y se compone de partes vivas: células, huesos, tejidos, órganos y otros. Génesis 2:7, dice:

"⁷ Entonces Jehová Dios formó al hombre del polvo de la tierra, y sopló en su nariz el aliento o espíritu de vida, y el hombre se convirtió en un ser viviente".
Génesis 2:7 (AMPC)

El propio Espíritu de Dios sopló el aliento que hizo del hombre un ser viviente; de Sí mismo sopló en Su hombre creado. Esto significa que el espíritu del hombre fue creado por Dios y posee una parte de Su propio ser. En términos de identidad, creo que esto es evidencia de que Dios nunca pretendió que la humanidad experimentara vida fuera o separada de Él, pues al crearla, incluyó una parte de Sí mismo: el aliento de Su Ser.

Sin embargo, Dios también creó al hombre con un alma, y esta incluye la voluntad. *Merriam Webster* define así *voluntad*: "un deseo, decisión o determinación; o poder de control sobre las propias acciones o emociones". En el capítulo 3 de Génesis, se registra que cuando el primer hombre y la primera mujer (Adán y Eva) fueron tentados por el diablo, desobedecieron a Dios usando el poder de control sobre sus propias acciones: su *voluntad*.

El capítulo 2 de Génesis relata cuando Dios establece a Adán y Eva en el Jardín del Edén. El versículo 15 dice que Dios puso al hombre en el huerto para que lo cultivara y lo cuidara. En los versículos 16 y 17, Dios les dio un mandamiento:

"16 Y Jehová Dios mandó al hombre, diciendo: 'De todo árbol del jardín podrás comer;
17 mas del árbol del conocimiento del bien y del mal no comerás, porque el día que de él comieres, ciertamente morirás".
Génesis 2:16-17 (NKJV)

Dios le dijo al hombre que no comiera del árbol del conocimiento del bien y del mal. Él les advirtió que "...el día" que comieran de él, *ciertamente morirían*. En Génesis 3:6 vemos la desobediencia:

"6 Y cuando vio la mujer que el árbol era bueno para comer, que era agradable a los ojos, y árbol deseable para hacerse sabio, tomó de su fruto y comió. Ella también dio a su marido con ella, y él comió".
Génesis 3:6 (NKJV)

Su decisión de desobedecer mostró que prefirieron hacer su propia voluntad por sobre la voluntad de Dios, introduciendo así el acto del pecado y sus consecuencias de muerte. Después de que Adán y

Eva desobedecieron, sus cuerpos naturales no murieron instantáneamente, tal como se ve a lo largo de los capítulos 3, 4 y 5 de Génesis. En realidad, Adán vivió un total de 930 años (Gn. 5:5). Entonces, ¿a qué se refería Dios cuando dijo "…el día que de él comieres, ciertamente morirás"?

La muerte que Adán y Eva experimentaron *ese día* en que desobedecieron fue tanto espiritual como física. Fue espiritual en el sentido de que su espíritu fue apartado de la voluntad y la presencia de Dios, la Fuente de vida que los había creado. Ya no tendrían la imagen perfecta que Él les había otorgado, se habían fracturado y existirían en un estado caído.

La intención de Dios era que ellos solo conocieran el bien; sin embargo, por su pecado, murieron a esa imagen y se volvieron personas que conocían el bien y el mal. Antes de la caída, Dios le había dado permiso al hombre para comer de todos los árboles del Jardín del Edén, excepto del árbol del conocimiento del bien y del mal. Este permiso incluía el libre acceso al árbol de la vida. Según Génesis 3:22, si comían del árbol de la vida podrían vivir para siempre.

"22 Y el Señor Dios dijo: 'He aquí, el hombre se ha vuelto como uno de Nosotros (Padre, Hijo, Espíritu Santo), conociendo [cómo distinguir entre] el bien y el mal; y ahora, podría extender su mano, y tomar también del árbol de la vida, y comer [su fruto], y vivir [en esta condición caída y pecaminosa] para siempre'; 23 por lo tanto, el Señor Dios envió a Adán lejos del Jardín del Edén, para labrar y cultivar la tierra de donde fue tomado".

Génesis 3:22-23 (AMP)

Aquel día en que Adán y Eva desobedecieron también murieron físicamente, en cuanto a que perdieron su inmortalidad; lo que en última instancia resultaría en la muerte de su cuerpo humano. ¡Dios nunca quiso que el hombre experimentara la muerte física! Él quería que tuvieran acceso libre e ilimitado al árbol de la vida y la inmortalidad. Esto era un beneficio de someter su voluntad a Su voluntad. Pero después de la caída, y en Su providencia, Dios sacó al hombre del huerto para que no comiera del árbol de la vida, de lo contrario quedaría sujeto para siempre a vivir en una condición caída y pecaminosa, y separado de Él.

Génesis 5 registra las generaciones de los descendientes de Adán, y relata cómo llegó a ser padre de un hijo "a su semejanza, conforme a su imagen":

"[1] Este es el libro (el registro escrito, la historia) de las generaciones de [los descendientes de] Adán. Cuando Dios creó al hombre, lo hizo a semejanza de Dios [no física, sino una personalidad espiritual y semejanza moral]. [2] Los creó varón y hembra, y los bendijo y los llamó Humanidad en el momento en que fueron creados. [3] Cuando Adán había vivido ciento treinta años se convirtió en padre de un hijo a su semejanza, conforme a su imagen, y lo llamó Set. [4] Luego de convertirse en padre de Set, Adán vivió ochocientos años y tuvo más hijos e hijas. [5] Y vivió Adán en total novecientos treinta años, y murió".
Génesis 5:1-5 (AMP)

En lo que a identidad se refiere, debemos entender la historia y la naturaleza de la existencia del hombre, porque a excepción de Jesucristo, todo hombre que nace después de la caída tiene la naturaleza pecaminosa y caída. Esta naturaleza incluye un espíritu que está separado de Dios por causa del pecado, y un alma y un cuerpo que son propensos a este. Dios quiso originalmente que el hombre centrara su vida en la identificación de su espíritu con el Espíritu de Dios; sin embargo, en el estado caído, el hombre centra su vida en las experiencias naturales del alma y del cuerpo.

Romanos 8:7-8 dice que la naturaleza pecaminosa siempre es enemiga de Dios, y que quien está en la carne no puede agradar a Dios.

"7 Porque la mente carnal es enemistad contra Dios; porque no está sujeta a la ley de Dios, ni puede estarlo. 8 Así que, los que están en la carne no pueden agradar a Dios".
Romanos 8:7 (NKJV)

El relato consolador del Antiguo Testamento es que, al tiempo que Dios obraba para restaurar Su creación, buscó al hombre aun en su condición caída para tener una forma de comunión con él. Génesis 5:22 dice que Enoc, uno de los descendientes de Adán, "…caminó con Dios". El versículo 24 dice: "Y Enoc caminó con Dios; y desapareció, porque Dios se lo llevó". La comunión que Enoc tuvo con Dios llegó a tal punto, que Dios lo quitó del ámbito del hombre y lo trasladó plenamente a Su presencia.

El capítulo 5 de Génesis presenta una lista de la

genealogía de Adán hasta llegar a Noé y sus hijos. Noé es importante porque halló gracia a los ojos del Señor y caminó con Dios, tal como lo hizo Enoc. El capítulo 6 de Génesis explica cuál era la condición del hombre durante la generación de Noé, y cómo este fue "…un hombre justo, perfecto (*sin mancha o íntegro*) en sus generaciones".

> "*5 Y vio el Señor que la maldad del hombre era grande en la tierra, y que toda intención de los pensamientos de su corazón era de continuo solamente el mal. 6 Y el Señor se arrepintió de haber hecho al hombre en la tierra, y se afligió en Su corazón. 7 Entonces el Señor dijo: 'Destruiré al hombre que he creado de la faz de la tierra, tanto al hombre como a las bestias, a los reptiles y a las aves del cielo, porque me arrepiento de haberlos hecho'. 8 Pero Noé halló gracia a los ojos del Señor. 9 Esta es la genealogía de Noé. Noé fue un hombre justo, perfecto en sus generaciones. Noé caminó con Dios. 10 Y Noé engendró tres hijos: Sem, Cam y Jafet. 11 Y la tierra se corrompió delante de Dios, y la tierra se llenó de violencia. 12 Entonces Dios miró la tierra y he aquí que estaba corrompida; porque toda carne había corrompido su camino sobre la tierra. 13 Y dijo Dios a Noé: 'El fin de toda carne ha llegado delante de Mí, porque la tierra está llena de violencia por causa de ellos; y he aquí, los destruiré con la tierra'".*
> ### Génesis 6:5-13 (NKJV)

El resto del capítulo 6 de Génesis habla de la instrucción que Dios le dio a Noé de construir un arca. En el versículo 18, Dios promete hacer un pacto o un acuerdo con Noé. Este pacto implicaba que Noé y su familia serían los únicos que se salvarían de la destrucción que Dios traería sobre la tierra debido a la corrupción del hombre.

"18 Mas yo estableceré Mi pacto con vosotros; y entrarán en el arca –tú, tus hijos, tu esposa, y las esposas de tus hijos contigo".
Génesis 6:18 (NKJV)

El pacto que Dios hizo con Noé, al igual que otros que vemos a lo largo del Antiguo Testamento, muestra que Dios se centra en pactos. Los pactos de Dios dan contexto a quiénes somos como seres humanos y en nuestra relación con Él, pues nos comunican lo que se requiere para tener comunión con Él. Este es un aspecto importante de cómo Dios trató con la humanidad en el Antiguo Testamento, porque es la misma forma en que trata con ella actualmente. ¡La gran diferencia es que hoy hay un Nuevo Pacto entre Dios y el hombre, establecido sobre mejores promesas que aquellas de los pactos pasados! Dios estableció este Nuevo Pacto a través de Su Hijo unigénito, Jesucristo.

"6 Pero ahora Él ha recibido un ministerio más excelente, por cuanto también es Mediador de un mejor pacto, que fue establecido en mejores promesas".
Hebreos 8:6 (NKJV)

La vida de Jesucristo y el Nuevo Pacto son relevantes para toda la humanidad, pues responden a la pregunta de *¿Quiénes somos?* al revelar cuál es nuestra relación con Dios hoy. Dios nos invita a tener comunión con Él, y determinó que lo que se requiere de nuestra parte es creer en Jesús. La primera venida de Jesús y la entrada en vigor del Nuevo Pacto confirman que somos creación de Dios, y que Él todavía nos ama y desea que seamos salvos de la destrucción final que vendrá debido a la corrupción del pecado. Juan 3:16-17, dice:

"16 Porque de tal manera amó Dios al mundo que ha dado a Su Hijo unigénito, para que todo aquel que en él cree no se pierda, mas tenga vida eterna. 17 Porque Dios no envió a Su Hijo al mundo para condenar al mundo, sino para que el mundo sea salvo por Él".
Juan 3:16-17 (NKJV)

¡Podemos ver claramente cuáles son los propósitos de Dios solo con el hecho de que Jesús viniera! ¡También se muestran en la vida, muerte y resurrección de Jesús! El acuerdo que Dios hizo con la humanidad en el Nuevo Pacto es que si creemos en Su Hijo unigénito seremos salvos de la destrucción y recibiremos vida eterna, pero si alguno rechaza a Su Hijo recibirá juicio y condenación eternos. Si la humanidad ya tuviera todo resuelto no tendría necesidad de salvación, pero lo cierto es que sigue en un estado caído y por lo tanto sí la necesita.

Todos somos descendientes de Adán y Eva. Las experiencias del hombre de hoy, incluidos los desafíos como la *crisis de identidad* y la identificación errónea, son efecto de la naturaleza humana caída, heredada a través de la desobediencia del hombre y su caída en el Jardín del Edén. Hay una verdad a la que todos los seres humanos nos enfrentamos, lo aceptemos o no, y es que necesitamos a Dios y estamos incompletos sin Él. En Hechos 17:24-31, el apóstol Pablo dice:

"24 Dios, que hizo el mundo y todo lo que hay en él, siendo el Señor del cielo y de la tierra, no habita en templos hechos por manos. 25 Ni es adorado por manos de hombres como si necesitara algo, ya que Él da a todos vida, aliento y todas las cosas. 26 Y de una sola sangre ha hecho toda nación de hombres para que habiten sobre toda la faz de la tierra, y ha determinado sus tiempos predestinados y los límites de su habitación, 27 para que busquen al Señor, con la esperanza de que buscando a tientas Lo encuentren, aunque no está lejos de ninguno de nosotros; 28 porque en Él vivimos, nos movemos y tenemos nuestro ser, como también algunos de vuestros propios poetas han dicho: 'Porque también somos linaje Suyo'. 29 Por tanto, siendo linaje de Dios, no debemos pensar que la Naturaleza Divina es como el oro, la plata o la piedra, algo modelado por el arte y la invención del hombre. 30 Ciertamente, Dios pasó por alto estos tiempos de ignorancia, pero ahora manda a todos los hombres en todas partes que se arrepientan, 31 porque Él ha señalado un día en el cual juzgará al mundo con justicia por medio del Hombre que ha ordenado. Él ha dado seguridad de esto a todos al resucitarlo de entre los muertos".
Hechos 17:24-31 (NKJV)

¡Dios es nuestro Creador, y nosotros somos Su creación!, fuimos creados en dependencia de Él, no al revés. Las Escrituras muestran muy bien cuánto Lo necesitamos. El versículo 25 dice que "Él da a todos vida, aliento y todas las cosas". El versículo 27 dice que la esperanza del hombre debe ser buscar a Dios para encontrarlo; y que "…no está lejos de ninguno de nosotros". Si algún hombre desea realmente acercarse a Dios, Lo encontrará. La evidencia de Su existencia está por todas partes. La sustancia misma de nuestro ser es creación Suya, sellando la verdad de que Dios "…no está lejos de ninguno de nosotros". ¡El mismo aire que respiramos proviene de Él!

Los versículos 28 y 29 dicen que somos Su linaje. Esto significa que, como humanidad, somos Sus descendientes y creación. Al mirar en Lucas 3:23-38, encontramos un registro de la genealogía de Jesús que se remonta al primer hombre: Adán. En el versículo 38 se hace referencia a Adán como un "hijo de Dios".

"38 hijo de Enós, hijo de Set, hijo de Adán, hijo de Dios".
Lucas 3:38 (NKJV)

En este sentido, Adán es hijo de Dios porque fue el primer hombre, hecho a Su imagen y semejanza. Adán no nació, sino que Dios lo hizo del polvo de la tierra y sopló Su vida en él; por lo tanto, es linaje de Dios. En el mismo sentido, todos los hombres son linaje de Dios, siendo descendientes de Adán, creados por Dios, y hechos a Su imagen y semejanza.

En este punto es importante destacar que, si bien todos los hombres son hijos creados de Dios, no todos son hijos de Dios de la manera en que Jesucristo es Hijo de Dios. En los próximos dos capítulos, "Reconocimiento" y "Aceptación", abordaremos la importancia que tiene la condición de

Hijo de Jesús, y explicaremos el nacimiento y la adopción espirituales que experimenta toda persona que cree en Él. El propósito de este capítulo ha sido establecer la base para que la humanidad completa se identifique como un hijo creado de Dios. Ahora bien, toda persona tiene ocasión de reconocer lo que Dios ha ofrecido a la humanidad por medio de su Hijo unigénito, Jesucristo, y del Nuevo Pacto; y a través de la aceptación, identificarse junto con Él como un hijo de Dios.

Dios nos conoce plenamente, pues somos Su creación. ¡Él ha visto nuestra más grande necesidad y nos ha provisto el camino de la salvación, la vida eterna y la adopción como Sus hijos e hijas! Al concluir este capítulo de *¿Quiénes somos?,* tengo en mi corazón compartir algunos versículos adicionales para seguir reflexionando sobre nuestra relación con Dios como creación Suya.

"3 Sabed que el Señor, Él es Dios; es Él quien nos ha hecho, y no nosotros mismos; somos Su pueblo y las ovejas de Su prado".
Salmos 100:3 (NKJV)

"13 Porque Tú formaste mis entrañas; Me cubriste (tejiste) en el vientre de mi madre. 14 Te alabaré, porque he sido hecho formidable y magníficamente; maravillosas son tus obras, y eso mi alma lo sabe muy bien. 15 Mi cuerpo (huesos) no fue ocultado de Ti, cuando fui hecho en secreto, y hábilmente labrado en las partes más bajas de la tierra. 16 Tus ojos vieron mi esencia, siendo aún sin forma. Y en Tu libro fueron escritos todos los días que fueron diseñados para mí, cuando aún no había ninguno de

ellos. [17] ¡Y cuán preciosos me son Tus pensamientos, oh, Dios! ¡Cuán grande es la suma de ellos! [18] Si los contara, serían más numerosos que la arena; cuando despierto, todavía estoy contigo".
Salmos 139:13-18 (NKJV)

Dios dice:

"[5] Antes de formarte en el vientre te conocí; antes de que nacieras te santifiqué; te nombré profeta a las naciones".
Jeremías 1:5 (NKJV)

"[11] Porque yo sé los pensamientos que tengo acerca de vosotros, dice el Señor, pensamientos de paz y no de mal, para daros un futuro y una esperanza".
Jeremías 29:11 (NKJV)

"[30] Pues aún los cabellos de vuestra cabeza están todos contados".
Mateo 10:30 (NKJV)

Amén.

CAPÍTULO 4: RECONOCIMIENTO

Recuerda que uno de los objetivos principales de este libro es lograr que sus lectores se identifiquen a la luz de Cristo como hijos de Dios; esto producirá en sus vidas una seguridad, confianza, esperanza y satisfacción duraderas. En el capítulo 1, *¿Quién es Cristo?*, estudiamos la identidad de Jesús en Su identificación y en la identificación que Dios Padre hizo de Él, esto es, como el Hijo de Dios. Este capítulo explorará la naturaleza de la condición de Hijo de Jesús, y explicará lo importante que es para la humanidad, en la búsqueda de su identidad como hijos de Dios, *reconocerlo a Él*.

En el capítulo anterior se estableció algo muy importante. Afirmamos que si bien todos los seres humanos somos hijos creados de Dios, no lo somos de la manera en que Jesucristo es el Hijo de Dios. En las Escrituras observamos que Jesús tiene una condición única de Hijo. En el capítulo 1 de Lucas, el ángel le dijo a María que Jesús sería llamado "Hijo del Altísimo" y "el Hijo de Dios".

"31 Y he aquí, concebirás en tu vientre, y darás a luz un Hijo, y llamarás Su nombre Jesús. 32 El será grande, y será llamado Hijo del Altísimo y el Señor Dios Le dará el trono de Su padre David. 33 Y reinará sobre la casa de Jacob para siempre, y Su reino no tendrá fin. 34 Entonces María dijo al ángel: '¿Cómo puede ser esto, si no conozco varón?' 35 Y el ángel respondió y le dijo: 'El Espíritu Santo vendrá sobre ti, y el poder del Altísimo te cubrirá con su sombra; por tanto, también el Santo que ha de nacer será llamado el Hijo de Dios. 37 Porque con Dios nada será imposible'".
Lucas 1:31-35, 37 (NKJV)

La condición de Hijo de Jesús es única. Él ciertamente fue concebido por el Espíritu Santo de Dios en el vientre de la virgen María, Su madre, y nació como el Hijo de Dios. A Jesús no lo concibieron un hombre y una mujer; Él es el Hijo unigénito de Dios. La palabra *unigénito* significa *el único* o *el único nacido*. Él es el único Hijo Divino de Dios, concebido del Espíritu Santo y nacido de una mujer. Es muy importante entender que Jesús es el Hijo unigénito de Dios, porque nos declara quién es Dios Padre para la humanidad. Sin Jesús, la humanidad no comprendería lo que significa tener una relación con el Padre y ser Sus hijos. Juan 1:18, dice:

"18 Nunca nadie ha visto a Dios; el único Hijo, o el unigénito Dios, que está en el seno [en la presencia íntima] del Padre, Él Lo ha declarado [Él Lo ha

revelado y Lo ha sacado a donde puede ser visto;
Lo ha interpretado y Lo ha dado a conocer]".
Juan 1:18 (AMPC)

Jesús está en la presencia íntima del Padre. Nadie ha visto jamás a Dios, pero Jesús Lo ha declarado y Lo ha dado a conocer. Jesucristo, el Hijo unigénito de Dios, es quien nos revela la naturaleza y el carácter del Padre celestial. Veamos qué les dijo a Sus discípulos, en Juan 14:6-11:

"[6] Jesús le dijo: 'Yo soy el camino, la verdad y la vida. Nadie viene al Padre sino por Mí. [7] Si Me conocieseis, también conoceríais a Mi Padre; y desde ahora Lo conocéis y Lo habéis visto'.
[8] Felipe le dijo: 'Señor, muéstranos al Padre, y nos basta'. [9] Jesús le dijo: '¿Tanto tiempo hace que estoy contigo, y no me conoces, Felipe? El que Me ha visto a Mí, ha visto al Padre; entonces, ¿cómo puedes decir: 'Muéstranos al Padre'? [10] ¿No creéis que Yo soy en el Padre, y el Padre en Mí? Las palabras que os hablo no las hablo por Mi propia cuenta; pero el Padre que mora en Mí hace las obras. [11] Créanme que Yo estoy en el Padre y el Padre en Mí, o de lo contrario créanme por las obras mismas'".
Juan 14:6-11 (NKJV)

En el versículo 6, Jesús dijo: "Yo soy el camino, la verdad y la vida. Nadie viene al Padre sino por Mí", y en el versículo 7: "Si me conocieseis, también conoceríais a mi Padre; y desde ahora Lo conocéis y Lo habéis visto". Jesús vino a la tierra para representar públicamente al Padre delante de la humanidad, y nos mostró que tenía planes y la determinación de honrarlo y manifestarlo a ella. Su propósito era que los hombres pudieran conocer al Padre a través Suyo. En el versículo 9, Jesús continuó diciendo: "…El que Me ha visto a Mí, ha visto al Padre…".

En los versículos 10 y 11, Jesús llama a los hombres a creer en Su propia relación con el Padre. Les explicó que las palabras que decía y la autoridad con que hablaba no provenían de Él, sino del Padre que moraba en Él. También afirmó que Él estaba en el Padre, y que el Padre estaba en Él. Veamos lo que dijo Jesús, en Juan 12:44-50:

*"44 Entonces Jesús exclamó y dijo: 'El que cree en Mí, no cree en Mí, sino en Aquel que Me envió. 45 Y el que Me ve, ve a Aquel que Me envió. 46 Yo he venido como una luz al mundo, para que todo el que cree en Mí no permanezca en tinieblas. 47 Y si alguno oye Mis palabras y no cree, Yo no lo juzgo; porque no vine a juzgar al mundo sino a salvar al mundo. 48 El que Me rechaza, y no recibe Mis palabras, tiene qué lo juzgue: la palabra que he hablado le juzgará en el día postrero.
49 Porque no he hablado por Mi propia autoridad; pero el Padre que Me envió Me dio un mandato de lo que debo decir y lo que debo hablar. 50 Y sé que Su mandamiento es vida eterna. Por tanto, todo lo que hablo, tal como el Padre Me lo ha dicho, así lo hablo'".*

Juan 12:44-50 (NKJV)

En este pasaje, Jesús les aclara una vez más que representa al Padre celestial que Lo envió. Era Su autoridad como Hijo de Dios lo que establecía el fundamento para Su misión de hablar y llamar a los hombres a creer en Él; no se trataba de una mera opinión personal sin importancia o inapropiada. En los versículos 44 y 45, Jesús dijo: "El que cree en Mí, no cree en Mí, sino en Aquel que Me envió. Y el que Me ve, ve a Aquel que Me envió".

Jesús vino a reconocer manifiestamente el mandato del Padre que Lo envió. Tal como lo muestran los versículos 47 a 50, Él sabía que la Palabra de Dios sería el juez definitivo de todo el que no creyera. En el versículo 49, dijo: "Porque no he hablado por Mi propia autoridad; pero el Padre que Me envió Me dio un mandato de lo que debo decir y lo que debo hablar"; y en el versículo 50, dijo: "...todo lo que hablo, tal como el Padre Me lo ha dicho, así lo hablo". Jesús sabía que todo el que creyera en Él también creía en el Padre, y así mismo sabía que todo el que no creyera en Él tampoco creía en el Padre.

Todo el que desee identificarse como un hijo legítimo de Dios necesita comprender que, para venir al Padre, es fundamental reconocer a Jesús con toda Su identidad y autoridad como el Hijo de Dios. 1 Juan 2:23, dice:

"23 El que niega al Hijo tampoco tiene al Padre; el que reconoce al Hijo tiene también al Padre".
1 Juan 2:23 (NKJV)

Tal como mencionamos en el último capítulo, Dios es un ser en tres Personas: el Padre, el Hijo y el Espíritu Santo. Estos tres son Uno que se conoce como la Trinidad. 1 Juan 5:5-7, dice:

"⁵ ¿Quién es el que vence al mundo, sino el que cree que Jesús es el Hijo de Dios? ⁶ Este es el que vino mediante agua y sangre: Jesucristo; no sólo mediante agua, sino mediante agua y sangre. Y es el Espíritu quien da testimonio, porque el Espíritu es la verdad. ⁷ Porque tres son los que dan testimonio en el cielo: el Padre, el Verbo y el Espíritu Santo; y estos tres son uno".
1 Juan 5:5-7 (NKJV)

El versículo 6 dice que el que da testimonio de Jesús como el Hijo de Dios es el Espíritu de Dios, que es la verdad. Esto significa que quien acepte o rechace a Jesús como el Hijo de Dios, también estará aceptando o rechazando el testimonio del Espíritu de Dios. El versículo 7 dice: "...tres son los que dan testimonio en el cielo: el Padre, el Verbo y el Espíritu Santo...", y dado que estos tres son Uno, aceptar o rechazar a cualquier miembro de la Trinidad es aceptar o rechazar a Dios.

La mención del "Verbo" en el versículo 7 es una referencia directa a Jesús. Juan 1:14, dice:

"¹⁴ Y el Verbo se hizo carne y habitó entre nosotros, y contemplamos Su gloria, gloria como del unigénito del Padre, lleno de gracia y de verdad".
Juan 1:14 (NKJV)

Jesús es el Verbo de Dios, y las Escrituras dicen que Él: "...se hizo carne y habitó entre nosotros...". Jesús existía con el Padre en el cielo como el Verbo de Dios antes de que viniera a la tierra como hombre. Juan 1:1-4, dice:

"¹ En el principio era el Verbo, y el Verbo estaba con Dios, y el Verbo era Dios. ² Él estaba en el principio con Dios. ³ Todas las cosas por medio de Él fueron hechas, y sin Él nada de lo que ha sido hecho, fue hecho. ⁴ En Él estaba la vida, y la vida era la luz de los hombres".
Juan 1:1-4 (NKJV)

El versículo 1 dice: "...el Verbo estaba con Dios, y el Verbo era Dios". Siendo el Verbo de Dios y Su Hijo unigénito, Jesús es Dios; Él es uno de los tres miembros de la Trinidad. El versículo 2 dice: "Él estaba en el principio con Dios": Jesús ha tenido comunión con el Padre desde la eternidad. El versículo 3 dice: "Todas las cosas por medio de Él fueron hechas, y sin Él nada de lo que ha sido hecho, fue hecho": Jesús tiene una relación cara a cara con el Padre desde el principio, y fue así como tuvo un rol activo en la obra de la creación de Dios. Hebreos 11:3, dice:

"³ Por la fe entendemos que los mundos fueron hechos por la Palabra de Dios...".
Hebreos 11:3 (NKJV)

En la creación Dios habló (en Génesis 1 y 2), ¡y Jesús es el mismo Verbo de Dios que creó todas las cosas y formó los mundos! Colosenses 1:15-17, dice:

"¹⁵ Él es la imagen del Dios invisible, el primogénito de toda creación. ¹⁶ Porque por medio de Él fueron creadas todas las cosas que hay en el cielo y que hay en la tierra, visibles e invisibles, sean tronos, dominios, principados o potestades. Todas las cosas fueron creadas por Él y para Él. ¹⁷ Y

Él es antes de todas las cosas, y en Él todas las cosas se sostienen".
Colosenses 1:15-17 (NKJV)

Jesús es el Verbo de Dios hecho carne, lo cual lo convierte en la representación visible del Dios que no vemos con nuestros ojos físicos. Jesús es el primogénito de toda la creación. Todas las cosas fueron creadas en Su autoridad como Verbo de Dios, por medio de Jesús y para Jesús. Él es antes de todas las cosas, y en Él todas las cosas se sostienen. Colosenses 2:9, dice:

"⁹ Porque en Él habita corporalmente toda la plenitud de la Deidad".
Colosenses 2:9 (NKJV)

Reconocer estas realidades de Jesús tiene el propósito de establecer un fundamento para que los hijos creados puedan llegar a tener fe en Él para alcanzar la comunión con el Padre como Sus hijos legítimos. En 1 Juan 1:1-3, el apóstol Juan dijo:

"¹ Lo que era desde el principio, lo que hemos oído, lo que hemos visto con nuestros ojos, lo que hemos contemplado y tocaron nuestras manos acerca del Verbo de Vida, ² la vida se manifestó, y lo hemos visto , y damos testimonio, y os anunciamos la vida eterna que estaba con el Padre y se nos manifestó; ³ lo que hemos visto y oído, eso os anunciamos, para que también vosotros tengáis comunión con nosotros; y verdaderamente nuestra comunión es con el Padre y con Su Hijo Jesucristo".
1 Juan 1:1-3 (NKJV)

Los apóstoles dieron testimonio de lo que vieron y experimentaron acerca de Jesús, el Hijo de Dios. Declararon que Jesús era la Palabra de Vida y vida eterna que estuvo con el Padre en el principio y se manifestó a ellos. Porque los que creyeron en el Verbo de Dios anunciaron: "...y verdaderamente nuestra comunión es con el Padre y con Su Hijo Jesucristo".

1 Juan 5:9-13, dice:

"9 Si recibimos el testimonio de los hombres, mayor es el testimonio de Dios; porque este es el testimonio de Dios que ha dado testimonio de Su Hijo. 10 El que cree en el Hijo de Dios tiene el testimonio en sí mismo; el que no cree a Dios, Lo ha hecho mentiroso, porque no ha creído en el testimonio que Dios ha dado de Su Hijo. 11 Y este es el testimonio: que Dios nos ha dado vida eterna, y esta vida está en Su Hijo. 12 El que tiene al Hijo tiene la vida; el que no tiene al Hijo de Dios no tiene la vida. 13 Estas cosas os he escrito a vosotros que creéis en el nombre del Hijo de Dios, para que sepáis que tenéis vida eterna, y para que sigáis creyendo en el nombre del Hijo de Dios".

1 Juan 5:9-13 (NKJV)

Dios mismo dio testimonio de Su Hijo a la humanidad. El versículo 10 dice: "El que cree en el Hijo de Dios tiene el testimonio en sí mismo...". Este testimonio es que Jesús es el Hijo de Dios, y que "...Dios nos ha dado (a la humanidad) vida eterna, y esta vida está en Su Hijo". Todo el que cree en Jesús como Hijo de

Dios tiene vida eterna; el que no cree no tiene vida eterna.

Para todo aquel que desea identificarse como un hijo legítimo de Dios, la fe en Jesús no es algo opcional, sino una necesidad imperiosa. El Padre quiere que la humanidad tenga comunión con Él, pero establece un requisito: que los hombres reconozcan a Jesús como Su Hijo y que crean en Él. Considera lo que dijo Jesús, en Juan 5:37-44:

"37 Y el Padre mismo que Me envió ha dado testimonio de Mí. Nunca habéis oído Su voz, ni habéis visto Su forma. 38 Mas vosotros no tenéis Su palabra morando en vosotros, porque a quien Él envió, no creéis en Él. 39 Escudriñáis las Escrituras, porque en ellas pensáis que tenéis vida eterna; y estas son las que dan testimonio de Mí. 40 Mas vosotros no queréis venir a Mí para que tengáis vida.
41 "Honra de los hombres no recibo. 42 Pero Yo os conozco, que no tenéis el amor de Dios en vosotros. 43 Yo he venido en nombre de Mi Padre, y no Me recibís; si otro viene en su propio nombre, a él lo recibiréis. 44 ¿Cómo podéis creer vosotros, que os honráis los unos a los otros, y no buscáis la honra que viene del único Dios?".
Juan 5:37-44 (NKJV)

¡Dios envió al hombre Su Palabra y dio testimonio de Su Hijo! Lo envió para demostrar quién es Él y para dar vida eterna a los hombres. Jesús vino en el nombre del Padre. Sin embargo, hay quienes no están dispuestos a venir a Él para que puedan tener vida. Hay quienes buscan recibir honra de los hombres sin buscar la honra que viene del único Dios. ¡Dios nos honró de una manera muy extraordinaria con la venida de Cristo!

Imagina esto: Jesús quería salvar a Su creación de la pena de muerte y separación eterna del Padre a causa del pecado. Él había existido en forma de Dios eterno, pero se despojó a Sí mismo de la expresión externa de Su igualdad divina con Dios y vino a la tierra como hombre, tomando la forma de Su propia creación. En nuestra capacidad humana no logramos siquiera imaginar cuánta humildad, amor y carácter esto demandó de Él, ¡pero lo hizo! Filipenses 2:5-11, dice:

"5 Haya en vosotros este sentir que hubo también en Cristo Jesús, 6 el cual, aunque existía en la forma y esencia inmutable de Dios [como Uno con Él, poseyendo la plenitud de todos los atributos divinos, toda la naturaleza de la deidad], no consideró la igualdad con Dios como cosa a que aferrarse o afirmarse [como si Él no la poseyera ya, o temiera perderla]; 7 sino que Se despojó a Sí mismo [sin renunciar a Su deidad ni disminuirla, sino cediendo solo temporalmente la expresión externa de la igualdad divina y Su dignidad legítima] tomando la forma de un siervo, y haciéndose semejante a los hombres [Se hizo completamente humano pero sin pecado, siendo completamente Dios y completamente hombre].
8 Después de que fue hallado en [términos de Su] apariencia exterior como hombre [por un tiempo divinamente señalado], Se humilló a Sí mismo [aún más] haciéndose obediente [al Padre] hasta la muerte, sí, muerte de cruz. 9 Por esto también

[porque obedeció y Se humilló completamente], Dios Lo exaltó hasta lo sumo y Le otorgó el nombre que es sobre todo nombre, [10] para que en el nombre de Jesús se doble toda rodilla [en sumisión], de los que están en el cielo y en la tierra y debajo de la tierra, [11] y toda lengua confiese y reconozca abiertamente que Jesucristo es el Señor (Dios soberano), para gloria de Dios Padre".
Filipenses 2:5-11 (AMP)

¡Gloria a Dios! Jesús, siendo plenamente Dios y plenamente hombre, vino a la tierra para cumplir con el plan del Padre para traer salvación a la humanidad. Las Escrituras nos dicen que Jesús, en forma de hombre, se humilló a Sí mismo en obediencia al Padre al punto de morir en una cruz. Pero por causa de Su obediencia y humildad, Dios Lo exaltó hasta lo sumo y Le dio el Nombre que es sobre todo nombre. Ante Su Nombre, toda rodilla llegará a doblarse en sumisión. ¡Toda lengua llegará a confesar y reconocer abiertamente que Él es el Señor, para gloria de Dios Padre! ¡Alabado sea Dios, Jesús es el Señor!

En Juan 3:13-17, Jesús dijo:

"[13] Y sin embargo, nadie ha subido jamás al cielo, sino que hay Uno que ha descendido del cielo: el Hijo del Hombre [Mismo], Quien está (habita, tiene Su morada) en el cielo. [14] Y así como Moisés levantó la serpiente en el desierto [en un palo], así debe [así es necesario] el Hijo del Hombre ser levantado [en la cruz], [15] ¡Para que todo aquel que cree en Él [que se aferra a Él, confía en Él y depende de Él] no perezca, sino que tenga vida eterna y [en realidad]

viva para siempre!
16 Porque de tal manera amó Dios y valoró profundamente al mundo, que [incluso] entregó a Su Hijo unigénito (único), para que todo aquel que crea en (confíe en, se aferre a, dependa de) Él no perezca (venga a destrucción, se pierda), sino que tenga vida eterna (imperecedera). 17 Porque Dios no envió al Hijo al mundo para juzgar (rechazar, condenar, dictar sentencia) al mundo, sino para que el mundo encuentre la salvación y sea sano y salvo por Él".
Juan 3:13-17 (AMPC)

Jesús es quien bajó del cielo; es el Hijo de Dios y el Hijo del Hombre, y dijo que debía ser levantado en la cruz. Tal como se abordó en el último capítulo, la consecuencia que produce el pecado es la muerte, tanto espiritual como física. Siendo el Hijo de Dios, Jesús era el único hombre que estaba calificado para soportar esas consecuencias y cumplir con el plan del Padre para la salvación de la humanidad. En los versículos 15 y 16 podemos ver el plan de Dios: que mediante el sacrificio de Cristo, todo aquel que en Él cree no se pierda, sino que reciba salvación y vida eterna.

Jesús entendía plenamente el plan de Dios, y sabía que para poder cumplirlo debía morir y experimentar separación del Padre por un tiempo. Jesús siguió con el plan y soportó la cruz motivado por el mismo amor de Dios que se menciona en el versículo 16: "..de tal manera amó Dios y valoró profundamente al mundo...". ¡Jesús amó tanto y valoró tan profundamente al mundo, que vino y dio Su vida en la cruz!

Él no vino a condenar y rechazar al mundo por el pecado, sino a amarlo y rescatarlo. El versículo 17 dice que Jesús no vino al mundo a juzgar, rechazar, condenar y dictar sentencia sobre él, sino a traer salvación. Jesús vino a la tierra como la expresión máxima del amor de Dios por la humanidad, al soportar la cruz y pagar el precio por nuestros pecados. 1 Juan 4:9-10, dice:

"9 En esto se manifestó (mostró) el amor de Dios para con nosotros: en que Dios envió a Su Hijo, el unigénito o único [Hijo], al mundo para que vivamos por medio de Él. 10 En esto consiste el amor: no en que hayamos amado a Dios, sino en que Él nos amó y envió a Su Hijo como propiciación (el sacrificio expiatorio) por nuestros pecados".
1 Juan 4:9-10 (AMPC)

El amor que Dios manifestó a través del sacrificio de Cristo es un amor incondicional. No hubo nada que el hombre hiciera para ganarse el amor de Dios o para hacer que Jesús decidiera morir. Dios amó primero al hombre, aun cuando este se encontraba en su estado pecaminoso. Romanos 5:8, dice:

"8 Pero Dios demuestra Su amor para con nosotros, en que siendo aún pecadores, Cristo murió por nosotros".
Romanos 5:8 (NKJV)

En el corazón de todo el que haya estado reflexionando seriamente en los pasajes y la información que les comparto se ha estado desarrollado un amor por Jesús, que es un amor esencial. Te animo a no dejarlo pasar, abrázalo como una verdad que conduce a la salvación. Hechos 4:12, dice:

"12 Y en ningún otro hay salvación; porque no hay otro nombre bajo el cielo que haya sido dado entre los hombres, por el cual podamos ser salvos [porque Dios no ha provisto al mundo ninguna alternativa para la salvación]".
Hechos 4:12 (AMP)

Jesús es el único camino a la salvación, no existe otra alternativa. Nadie aparte de Él estaba calificado para soportar la pena de muerte del pecado y cumplir con el plan de Dios. Romanos 6:10 y 23, dice:

"10 Por la muerte que Él murió, murió al pecado una vez y para siempre;
pero la vida que Él vive, la vive para Dios".
"23 Porque la paga del pecado es muerte, mas la dádiva de Dios es vida eterna
en Cristo Jesús nuestro Señor".
Romanos 6:10, 23 (NKJV)

¡El plan de Dios para la salvación de la humanidad se ha cumplido! La dádiva de Dios es vida eterna en Cristo Jesús. Jesús soportó la muerte; ¡pero ha resucitado de entre los muertos y hoy vive! Hechos 13:26-33, dice:

"26 Varones y hermanos, hijos del linaje de Abraham, y los que entre vosotros teméis a Dios, a vosotros ha sido enviada la palabra de esta salvación.
27 Porque los moradores de Jerusalén y sus gobernantes, por no haberle conocido, ni aun las

voces de los profetas que se leen todos los días de reposo, las han cumplido al condenarlo. [28] Y aunque no encontraron causa de muerte en Él, pidieron a Pilato que Lo mataran. [29] Y cuando hubieron cumplido todo lo que estaba escrito acerca de Él, Lo bajaron del madero y Lo pusieron en una tumba. [30] Pero Dios lo resucitó de entre los muertos. [31] Fue visto durante muchos días por los que habían subido con Él de Galilea a Jerusalén, los cuales son Sus testigos al pueblo. [32] Y os anunciamos buenas nuevas: aquella promesa que fue hecha a los padres. [33] Dios ha cumplido esto por nosotros Sus hijos, en que resucitó a Jesús. Como también está escrito en el segundo Salmo: 'Tú eres Mi Hijo, hoy Te he engendrado'".
Hechos 13:26-33 (NKJV)

¡Así es! La Biblia, en el Nuevo Testamento, nos relata acerca de la resurrección de Jesús. En Juan 11:25-26, Jesús dijo:

"[25]...Yo soy la Resurrección y la Vida. El que cree en Mí, aunque muera, vivirá. [26] Y todo aquel que vive y cree en Mí, no morirá jamás. ¿Crees esto?".
Juan 11:25-26 (NKJV)

¡Jesús sigue siendo la Resurrección y la Vida; Él sigue siendo la esencia de la vida y el Dador de vida eterna! En este capítulo hacemos un llamado fundamental a reconocer a Jesús, pues antes de que una persona pueda recibir su identidad como hijo de Dios, primero debe creer en su corazón que Jesús es el Hijo de Dios y que Dios lo resucitó de entre los muertos. Romanos 10:9-10, dice:

"9 ...si confesares con tu boca al Señor Jesús, y creyeres en tu corazón que Dios Le levantó de los muertos, serás salvo. 10 Porque con el corazón se cree para justicia, y con la boca se confiesa para salvación".
Romanos 10:9-10 (NKJV)

La persona que cree lo hace con el corazón, y es también con el corazón que una persona elige no creer. Hay una realidad muy desgarradora que aqueja a la raza humana, es el rechazo a Jesús. ¡Vimos cómo Jesús hizo lo imposible por demostrar el amor de Dios a todos los hombres! Sin embargo, muchos no lo reconocen. Colosenses 1:18-20, dice:

"18 Y Él es la cabeza del cuerpo que es la iglesia, Quien es el principio, el primogénito de entre los muertos, para que en todo tenga la preeminencia.
19 Porque agradó al Padre que en Él habitase toda la plenitud, 20 y por Él reconciliar consigo todas las cosas, por medio de Él, así las que están en la tierra como las que están en los cielos, habiendo hecho la paz por medio de la sangre de Su cruz".
Colosenses 1:18-20 (NKJV)

Jesús vino a la tierra como el Hijo unigénito de Dios, el Verbo de Dios hecho carne; como la plenitud de la Deidad en forma corporal, Vida Eterna, y el único medio de salvación. Pero la humanidad respondió rechazándolo. Jesús fue enviado a la tierra para restaurar la comunión entre Dios y el hombre, para declarar quién es Dios y ofrecer los dones del arrepentimiento y la salvación. Pero Su propia creación Lo crucificó siendo inocente. Hoy hay muchos que postergan recibirlo. En Mateo 10:32-33, Jesús dijo:

"32 Por tanto, al que Me confiese y Me reconozca delante de los hombres [como Señor y Salvador, proclamando un estado de unidad Conmigo], a aquel Yo también lo confesaré y reconoceré delante de Mi Padre que está en el cielo. 33 Pero al que Me niegue y rechace delante de los hombres, a aquel también lo negaré y rechazaré delante de Mi Padre que está en el cielo".
Mateo 10:32-33 (AMP)

Necesitamos llegar a reconocer a Jesús y a creer en Él con todo nuestro corazón, solo entonces podremos experimentar el verdadero honor de identificarnos con Dios como Sus hijos. Todo el que niegue y rechace a Jesús será negado y rechazado ante el Padre celestial.

Mi oración es que a través de este capítulo hayas podido llegar a reconocer quién es Jesús, y a recibirlo en tu propio corazón. Hechos 10:34-43, dice:

"34 Entonces Pedro abrió su boca y dijo: 'En verdad percibo que Dios no hace acepción de personas. 35 Mas en toda nación, el que Le teme y obra justicia, Le es acepto. 36 La palabra que Dios envió a los hijos de Israel, predicando la paz por medio de Jesucristo, que es Señor de todos, 37 la palabra que conocéis, que fue proclamada en toda Judea, y comenzó desde Galilea después del bautismo que Juan predicó: 38 cómo Dios ungió con el Espíritu Santo y con poder a Jesús de Nazaret, el cual

anduvo haciendo bienes y sanando a todos los oprimidos por el diablo, porque Dios estaba con Él. [39] Y nosotros somos testigos de todas las cosas que hizo en la tierra de los judíos y en Jerusalén, quienes Lo mataron colgándolo de un madero. [40] A Aquel, Dios resucitó al tercer día, y Lo exhibió públicamente, [41] no a todo el pueblo, sino a los testigos escogidos de antemano por Dios, a nosotros que comimos y bebimos con Él después de que resucitó de entre los muertos. [42] Y nos mandó a predicar al pueblo, y a testificar que Él es a quien Dios ha ordenado como Juez de vivos y muertos. [43] De Él dan testimonio todos los profetas, de que todo el que cree en Él recibirá perdón de pecados por Su nombre».
Hechos 10:34-43 (NKJV)

Amen.

CAPÍTULO 5: ACEPTACIÓN

Podemos definir la aceptación como la condición de ser recibidos o aprobados con favor. En este capítulo veremos que Dios aprueba favorablemente a los que reconocen a Jesús y creen en Él. La Biblia describe que contar con la aceptación de Dios tiene muchos beneficios y ventajas; y para efectos de este libro, este capítulo se centrará en cómo el Padre acepta a los creyentes como Sus propios hijos.

1 Juan 3:1, dice:

"1¡VEAN LA [increíble] calidad de amor que el Padre nos ha dado (mostrado, otorgado) en que se nos [permita] nombre, llame y considere como hijos de Dios! ¡Y lo somos!
La razón por la que el mundo no nos conoce (acepta, reconoce) es que no Lo conoce (acepta, reconoce) a Él".
1 Juan 3:1 (AMPC)

¡El hecho de que a los creyentes se les nombre, llame y considere hijos de Dios es una cualidad increíble del amor de Dios! Tal como dice el versículo, es Dios mismo quien da, muestra y otorga este amor. Que a alguien se le llame hijo de Dios significa que el Padre le ha dado Su favor, y lo ha aprobado y aceptado como hijo Suyo.

Cuando tenemos en cuenta la historia de la humanidad y su caída, toda persona debiera considerar un gran honor siquiera tener la oportunidad de recibir esa aceptación por parte de Dios y de ser llamados Sus hijos. A pesar de esto, no todos buscan la aceptación de Dios ni aprecian el amor y la honra que de Él proviene. 1 Juan 3:1 dice al final que el mundo (o los incrédulos) no conoce, acepta ni reconoce a los hijos de Dios, porque no conoce, acepta ni reconoce a Dios mismo.

Tal como abordamos en el último capítulo, el mundo rechaza a Dios porque también rechazó a Cristo, el Hijo unigénito de Dios. Los incrédulos no pueden apreciar la calidad del amor de Dios que se manifiesta en ser nombrados, llamados y considerados hijos de Dios, debido a su ignorancia y rechazo a Cristo. Romanos 1:18-21 y 28, dice:

"18 Porque [Dios no pasa por alto el pecado y] la ira de Dios se revela desde el cielo contra toda impiedad e injusticia de los hombres que con su maldad detienen y ahogan la verdad,
19 porque lo que de Dios se conoce les es manifiesto [en su conciencia interior], porque Dios se lo manifestó. 20 Porque desde la creación del mundo, Sus atributos invisibles, Su eterno poder y deidad,

se han podido ver claramente, siendo entendidos
por Su obra [toda Su creación, las cosas
maravillosas que Él ha hecho], de modo que los que
no creen y confían en Él]
no tienen excusa ni defensa. [21] Pues aunque
conocían a Dios [como el Creador],
no Lo honraron como a Dios ni Le dieron gracias
[por Su maravillosa creación]. Por el contrario,
se volvieron inútiles en su pensamiento [impíos, con
razonamientos vanos y especulaciones absurdas], y
su necio corazón fue entenebrecido".
"[28] Y como no les pareció bien reconocer a Dios ni
considerarlo digno de ser conocido [como
su Creador], Dios los entregó a una mente
reprobada, para hacer lo que
es inapropiado y repugnante".
Romanos 1:18-21, 28 (AMP)

Muchas personas rechazan a Cristo y, al hacerlo, rechazan la calidad del amor de Dios que significa que se les nombre, llame y considere Sus hijos. Tal como lo muestran las Escrituras, Dios no aceptará a nadie que no honre ni reconozca a Jesús. La única manera de recibir la aceptación de Dios es reconocerlo y creer en Él. Hablando de Jesús, Juan 1:10-12, dice:

"[10] Él vino al mundo, y aunque el mundo fue hecho
por medio de Él, el mundo no Lo reconoció [no Lo
conoció]. [11] Él vino a lo que le pertenecía [a lo Suyo:
Su dominio, creación, cosas, mundo], y los que eran
Suyos no Lo recibieron ni Le dieron la bienvenida. [12]
Mas a todos los que Le recibieron y Le dieron la
bienvenida, les dio potestad [la autoridad, el
privilegio] de llegar a ser hijos de Dios, es decir, a

los que creen en (se unen a, confían en y dependen de) Su nombre".
Juan 1:10-12 (AMP)

La potestad es una autoridad o un privilegio. En este pasaje podemos ver que existe potestad de ser llamado un hijo de Dios. Si bien Jesús es el Hijo unigénito de Dios, Él comparte este derecho que tiene ante el Padre con los que Lo reciben y Le dan la bienvenida. Esto significa que si tú has reconocido a Jesús y has creído en Él, tienes la potestad de ser llamado hijo de Dios. Tienes el derecho de identificarte con el amor del Padre celestial. ¡Nadie te lo puede quitar, porque es una autoridad y un privilegio que Dios y Su propio Hijo te han dado!

Cuando la persona cree en Jesús y recibe este derecho de ser llamado hijo de Dios, experimenta un nuevo nacimiento que confirma su identidad y la aceptación delante del Padre. En Juan 1:13 se describe este nacimiento de los hijos de Dios:

"13 que nacieron, no de sangre [concepción natural], ni de voluntad de carne [impulso físico], ni de voluntad de varón [la de un padre natural], sino de Dios [es decir, un nacimiento divino y sobrenatural: son nacidos de Dios; espiritualmente transformados, renovados y santificados]". **Juan 1:13 (AMP)**

El nacimiento de los hijos de Dios no es como el de los niños comunes que nacen por voluntad humana y por medios naturales. Juan 1:13 lo describe como "…un nacimiento divino y sobrenatural…". Los hijos de Dios son "…nacidos de Dios, espiritualmente transformados, renovados y santificados". Este nacimiento sobrenatural es una transformación y una renovación del espíritu humano. En Juan 3:6, Jesús dijo:

"⁶ Lo que nace de la carne, carne es, y lo que nace del Espíritu, espíritu es".
Juan 3:6 (NKJV)

Recuerda que Dios no quería que la vida del hombre se centrara en las experiencias naturales de su alma y de su cuerpo, sino más bien en la identificación del espíritu del hombre con Su Espíritu. Dios quiso que Sus hijos nacieran de nuevo del Espíritu, esto a causa de la naturaleza pecaminosa inherente, y de la imposibilidad de que la humanidad Lo agradara en la carne. En Juan 3:3 y 7, Jesús dijo:

"³ … os aseguro y os digo muy solemnemente, a menos que una persona nazca de nuevo [renacida de lo alto: espiritualmente transformada, renovada, santificada], no podrá [nunca] ver ni experimentar el reino de Dios".
"⁷ No os sorprendáis de que os haya dicho: 'Debéis nacer de nuevo [renacer de lo alto; espiritualmente transformados, renovados, santificados]'".
Juan 3:3, 7 (AMP)

¡Jesús dijo que debemos nacer de nuevo! La persona que no nace de nuevo no puede ver ni experimentar el reino de Dios. Por lo tanto, cuando Dios acepta a Sus hijos, los hace "renacer de lo alto; espiritualmente transformados, renovados y santificados". Este nacimiento se produce por la fe en el corazón de una persona que cree en Jesús y Lo confiesa como Señor. 1 Juan 5:1, dice:

"1 Todo aquel que cree [con una confianza profunda y perdurable en el hecho de] que Jesús es el Cristo (el Mesías, el Ungido) es nacido de Dios [es decir, renace de lo alto; espiritualmente transformado, renovado y apartado para Su propósito], y todo el que ama al Padre ama también al hijo que ha nacido de Él".

1 Juan 5:1 (AMP)

Todo aquel que cree que Jesús es el Cristo, es nacido de Dios y es Su hijo. Todo el que ama al Padre, ama también al hijo nacido de Él; a Jesús en primer lugar, y luego a otros creyentes que han nacido de Dios mediante la misma fe. El amor por otros que han nacido de Dios es una característica clave del nuevo nacimiento que es importante reconocer. 1 Juan 4:20-21, dice:

"20 Si alguno dice: 'Yo amo a Dios', y aborrece a su hermano, es mentiroso; porque el que no ama a su hermano a quien ha visto, ¿cómo puede amar a Dios a quien no ha visto? 21 Y este mandamiento tenemos de Él: El que ama a Dios, ame también a su hermano".

1 Juan 4:20-21 (NKJV)

Cuando Dios acepta a los creyentes como Sus hijos, no solo les ordena que lo amen a Él, sino también a los otros que han nacido de Él. Romanos 2:11 dice que Dios no hace acepción de personas. Su amor no tiene favoritismos con ninguno de Sus hijos por sobre otros. El Padre podrá estar más o menos complacido con la vida y las decisiones de un creyente, pero ama a todos Sus hijos por igual, y los llama a practicar entre ellos el mismo estándar de amor imparcial. Santiago 2:1 y 8-9, dice:

"¹ Hermanos míos, no vivan la fe en nuestro Señor Jesucristo, el Señor de la gloria,
con favoritismos".
⁸ Si realmente cumplen la ley real conforme a la Escritura: 'Amarás a tu prójimo como a
ti mismo', hacen bien; ⁹ pero si hacen acepción de personas, cometen pecado, y son condenados por la ley como transgresores".
Santiago 2:1, 8-9 (NKJV)

En el versículo 8: "Amarás a tu prójimo como a ti mismo", se refiere a la "ley real". En el Nuevo Pacto, Dios decretó dos mandamientos por medio de Jesucristo, y en estos se cumplen todos los mandamientos del Antiguo Pacto. Jesús habló de estos mandamientos en Mateo 22:37-40, y en Marcos 12:29-31:

"³⁷ Jesús le dijo: 'Amarás al Señor tu Dios con todo tu corazón, con toda tu alma,
y con toda tu mente. ³⁸ Este es el primer y gran mandamiento. ³⁹ Y el segundo
es semejante: 'Amarás a tu prójimo como a ti mismo'. ⁴⁰ De estos dos mandamientos
dependen toda la Ley y los Profetas'".
Mateo 22:37-40 (NKJV)

"²⁹ Jesús le respondió: 'El primero de todos los mandamientos es: 'Escucha, oh, Israel, el Señor nuestro Dios, el Señor uno es. ³⁰ Y amarás al Señor tu Dios con todo tu corazón,
con toda tu alma, con toda tu mente y con todas tus

fuerzas'. Este es el primer mandamiento.
[31] Y el segundo, semejante, es este: 'Amarás a tu prójimo como a ti mismo'. No hay otro mandamiento mayor que estos'".
Marcos 12:29-31 (NKJV)

La prioridad de Dios es el amor; y siempre lo ha sido. Él ha querido que Sus hijos Lo amen y se amen unos a otros. Una persona que ama a Dios también amará a su hermano creyente. Todo creyente que muestre favoritismo no estará actuando por fe y por el amor de Dios, sino que en realidad estará desafiando el estándar de aceptación que el Padre estableció para las relaciones entre Sus hijos. En Juan 15:9-10, 12-14 y 17, Jesús les dijo a Sus discípulos:

"[9] Como el Padre Me amó, así también Yo os he amado; permaneced en Mi amor.
[10] Si guardan Mis mandamientos permanecerán en Mi amor, tal como Yo he guardado los mandamientos de Mi Padre y permanezco en Su amor".
"[12] Este es Mi mandamiento, que os améis unos a otros como Yo os he amado. [13] Nadie tiene mayor amor que este, que uno ponga su vida por sus amigos. [14] Vosotros sois Mis amigos si hacéis lo que Yo os mando".
"[17] Estas cosas os mando, que os améis unos a otros".
Juan 15:9-10, 12-14, 17 (NKJV)

Jesús dijo a los discípulos: "Como el Padre Me amó, así también Yo os he amado; permaneced en Mi amor". El mismo amor que el Padre mostró a Jesús, Jesús lo extiende y manifiesta a quienes creen en Él.

Cuando los hijos de Dios permanecemos en el amor de Cristo por medio de la fe, el Padre nos otorga el mismo favor, aprobación y aceptación que recibe Jesús. Jesús dijo que quien guardara Sus mandamientos permanecería en Su amor, tal como Él guardó los mandamientos del Padre y permanece en Su amor.

En el versículo 12, Jesús ordena a los creyentes que se amen unos a otros tal como Él los ha amado. Esto es lo que significa permanecer en Su amor. ¡Los creyentes no están llamados a amar de forma mediocre o fingida, sino con el amor de Dios genuino y sincero por el cual Cristo entregó Su vida!

1 Juan 3:16, 18 y 23, dice:

"16 En esto conocemos el amor, porque Él dio Su vida por nosotros. Y nosotros también debemos dar nuestra vida por los hermanos".
"18 Hijitos míos, no amemos de palabra ni de lengua, sino de hecho y en verdad".
"23 Y este es Su mandamiento: que creamos en el nombre de Su Hijo Jesucristo, y que nos amemos unos a otros, como Él nos lo mandó".
1 Juan 3:16, 18, 23 (NKJV)

Pero no lo malentiendas. Dar nuestra vida por los hermanos no significa que tengamos que morir. Cristo sí murió; sin embargo, el propósito de Su muerte está en el amor. Si no discernimos las circunstancias a través del amor de Dios, alguien podría llegar a permitir su muerte física y no servirle de nada. 1 Corintios 13:3, dice, "...y si entregare mi cuerpo para ser quemado, pero no tengo amor, de

75

nada me sirve".

Lo que motivó a Cristo a dar Su vida fue el amor. Cantares 8:6, dice: "Porque fuerte es el amor como la muerte". 1 Corintios 13:5 dice que el amor no es egoísta. La versión Amplificada dice: "El amor (el amor de Dios en nosotros) no insiste en sus propios derechos o en sus propios caminos, porque no busca lo propio". El amor tiene el potencial reconocido de hacer que una persona dé su vida desinteresada y sacrificialmente muriendo por otro. Sin embargo, si en esta muerte no se discierne el amor de Cristo y no es su motivación e inspiración, no es más que ignorancia. Dios no quiere que las personas mueran desperdiciando tontamente sus vidas, y menos aún si es en un intento por ganar Su aceptación o la de otros. Este entendimiento le impedirá a una persona involucrarse en prácticas de sectas que, en lugar de acercar a las personas a Dios, solo las alejan de Él.

Dios ordena a Sus hijos que crean en Jesús, y que se amen sinceramente unos a otros con una calidad de amor que se dispone humildemente a poner a los demás por sobre ellos mismos. Cristo nos brindó el mayor ejemplo demostrando este amor de calidad como expresión de que Dios nos acepta. No hay mayor amor que dar la propia vida por la de otro. 1 Juan 4:7-11, dice:

"[7] Amados, amémonos unos a otros, porque el amor es de Dios; y todo el que ama es nacido de Dios y conoce a Dios. [8] El que no ama no ha conocido a Dios, porque Dios es amor. [9] En esto se mostró el amor de Dios para con nosotros, en que Dios envió a Su Hijo unigénito al mundo, para que vivamos por Él. [10] En esto consiste el amor, no en que amemos a

Dios, sino en que Él nos amó y envió a Su Hijo en propiciación por nuestros pecados. 11 Amados, si Dios nos amó así, también nosotros debemos amarnos los unos a los otros".
1 Juan 4:7-11 (NKJV)

Dios nos ha llamado como hijos Suyos a vivir un amor sacrificial, que es el tipo de amor en el que Él mismo nos aceptó. ¡Dios ama a Sus hijos!, y por Su gran amor por nosotros, también nos hace responsables como individuos de amarnos unos a otros. Gálatas 3:26, dice:

"26 Porque todos sois hijos de Dios por la fe en Cristo Jesús".
Gálatas 3:26 (NKJV)

¡Todo creyente es hijo o hija de Dios por medio de la fe en Cristo Jesús! Su amor por cada uno de Sus hijos e hijas es el mismo; y si Él ama tanto a Sus hijos, entonces estos deben amarse unos a otros tal como han sido amados. Gálatas 5:6 y 14, dice:

"6 Porque [si estamos] en Cristo Jesús, ni la circuncisión ni la incircuncisión cuentan para nada, sino solo la fe que se activa, energiza, expresa y obra a través del amor".
"14 Porque toda la Ley [concerniente a las relaciones humanas] se cumple en un solo precepto, Amarás a tu prójimo como [te amas] a ti mismo".
Gálatas 5:6,14 (AMPC)

Lo que importa para un hijo de Dios es la fe, y no las cosas que los hombres tienden a valorar conforme a las experiencias naturales del alma y el cuerpo. El versículo 6 dice que la fe "se activa, energiza, expresa y obra a través del amor". La fe de un creyente confirma que es aceptado por Dios, porque la fe obra por el amor y cumple con Sus estándares de amor. Dios apartó a Sus hijos para tener victoria en el mundo, y lo hizo mediante esta fe que obra a través del amor. 1 Juan 5:1-5, dice:

"1 Todo aquel que cree [con una confianza profunda y permanente en el hecho de] que Jesús es el Cristo (el Mesías, el Ungido) es nacido de Dios [es decir, renacido de lo alto: espiritualmente transformado, renovado y apartado para Su propósito], y todo el que ama al Padre ama también al hijo nacido de Él. 2 En esto sabemos [sin duda alguna] que amamos a los hijos de Dios: [expresando ese amor] cuando amamos a Dios y obedecemos Sus mandamientos. 3 Porque el [verdadero] amor de Dios es este: que constantemente guardemos Sus mandamientos y permanezcamos enfocados en Sus preceptos. Y Sus mandamientos y Sus preceptos no son difíciles [de obedecer]. 4 Porque todo el que ha nacido de Dios es victorioso y vence al mundo; y esta es la victoria que ha conquistado y vencido al mundo: nuestra fe [continua, persistente] [en Jesús, el Hijo de Dios]. 5 ¿Quién es el que sale victorioso y vence al mundo? Es el que cree y reconoce el hecho de que Jesús es el Hijo de Dios".
1 Juan 5:1-5 (AMP)

¡Dios aceptó a Sus hijos y les dio la victoria que vence al mundo por medio de la fe! Si eres un hijo de Dios, no necesitas buscar la aceptación del mundo ni conformarte a sus caminos. ¡Tú ya tienes la victoria, el favor y la aprobación de tu Padre celestial! Dios no te aceptó en base a tu nacionalidad, edad, ingresos, género o cualquier otra cosa que el mundo pueda usar para intentar identificarte. ¡Dios te ama, y mediante tu fe en Cristo te has convertido en Su propio hijo! Efesios 1:3-6, dice:

"3 Bendito sea el Dios y Padre de nuestro Señor Jesucristo, que nos ha bendecido con toda bendición espiritual en los lugares celestiales en Cristo, 4 tal como nos escogió en Él antes de la fundación del mundo, para que fuésemos santos y sin mancha delante de Él en amor,
5 habiéndonos predestinado para adopción como hijos Suyos por medio de Jesucristo, según el puro afecto de Su voluntad, 6 para alabanza de la gloria de Su gracia, por la cual nos hizo aceptos en el Amado".
Efesios 1:3-6 (NKJV)

En realidad, Dios te escogió en Cristo desde la fundación del mundo, para que fueras apartado para Sus propósitos en amor. ¡Él te predestinó para que fueras adoptado espiritualmente como Su hijo por medio de Jesucristo! Dio te hizo acepto en Su Hijo Amado, y Jesús no se avergüenza de llamarte Su hermano o hermana. Hebreos 2:11-13, dice:

"11 Tanto Jesús que santifica como los que son santificados [es decir, espiritualmente transformados, santificados y apartados para el propósito de Dios] son todos de un solo Padre; por esto Él no se avergüenza de llamarlos hermanos y hermanas, 12 diciendo: 'Anunciaré Tu nombre (el del Padre) a Mis hermanos (creyentes), en medio de la

congregación cantaré Tu alabanza'. [13] Y otra vez [Él dice]: 'Mi confianza y Mi esperanza segura estarán puestas en Él'. Y otra vez: 'Heme aquí, Yo y los hijos que Dios Me ha dado'".
Hebreos 2:11-13 (NKJV)

Jesús acepta que estás en el Padre, y te reconoce sin vergüenza alguna como hijo de Dios. ¡Dios es tan bueno! ¡Es tan misericordioso, amoroso y lleno de gracia! Detente un momento a pensar en que Dios te ha hecho acepto. Es una posición aleccionadora, especialmente si consideras el perdón que da a quienes se han convertido en Sus hijos, pero que antes de creer le eran contrarios debido a su naturaleza pecaminosa.

Esto me recuerda el relato bíblico acerca del hijo pródigo que encontramos en Lucas 15:11-32. La Biblia dice que este hijo le pidió a su padre su herencia y viajó a un país lejano donde la desperdició en una vida desordenada. Pero luego vino gran hambruna a la tierra y él estaba muriendo de hambre. Los versículos 17 al 24, dicen:

"[17] Pero cuando volvió en sí, dijo: '¡Cuántos de los jornaleros de mi padre tienen pan de sobra, y yo perezco de hambre! [18] Me levantaré e iré a mi padre, y le diré: 'Padre, he pecado contra el cielo y contra ti, [19] y ya no soy digno de ser llamado hijo tuyo. Hazme como uno de tus jornaleros". [20] Y él se levantó y vino a su padre. Pero cuando aún estaba lejos, su padre lo vio y tuvo compasión, y corrió y se echó sobre su cuello y lo besó. [21] Y el hijo le dijo: 'Padre, he pecado contra el cielo y delante de ti, y ya no soy digno de ser llamado tu hijo'. [22] Pero el padre

dijo a sus siervos: 'Traigan la mejor túnica y póngansela, y pongan un anillo en su mano y sandalias en sus pies. [23] Y traigan el becerro engordado y mátenlo, y comamos y alegrémonos; [24] porque este mi hijo estaba muerto y ha vuelto a la vida; estaba perdido y ha sido hallado'. Y comenzaron a alegrarse".
Lucas 15:17-24 (NKJV)

Antes de que los hombres se conviertan en hijos legítimos de Dios, son todos como este hijo pródigo. Los placeres y deseos de la naturaleza carnal y pecaminosa los gobiernan, y eso es lo que buscan complacer. Pero tal como lo registra este relato, el hijo llegó a un punto en su vida en que volvió en sí y se dio cuenta de que había pecado contra el cielo y contra su padre, y decidió buscar el perdón. Antes de que una persona pueda convertirse en hijo de Dios, debe llegar a un punto en que reconozca que el pecado está mal y acuda a Dios en busca de Su perdón.

El amor del padre en este relato refleja el amor del Padre celestial. Observa que el padre lo vio venir desde muy lejos y corrió a abrazarlo. El padre estaba atento esperando su regreso a casa aun antes de que el hijo siquiera tuviera la oportunidad de confesar su mal y ser perdonado. De la misma manera, el Padre celestial espera a que Sus hijos e hijas creados regresen a casa. Él está vigilante, con los brazos abiertos, listo para acogerlos con amor.

Puedes observar que cuando el hijo confesó su mal, también le dijo a su padre: "…ya no soy digno de ser llamado tu hijo". El hijo se sentía condenado e indigno a causa de su pecado. Eso es lo que el pecado le hace al hombre. Pero ¿cómo respondió el padre? Lo vistió con la mejor túnica, puso un anillo en su mano y sandalias en sus pies; hizo una fiesta y dijo: "alegrémonos; porque este mi hijo estaba muerto y ha vuelto a la vida; estaba perdido y ha sido hallado". El padre no miró el pecado del hijo ni lo condenó, sino que lo perdonó y celebró su vida como hijo suyo.

El amor del Padre celestial es implacable, tal como el amor del padre en este relato. Él está listo para otorgar perdón, y para honrar y derramar Su amor sobre quienes regresan a casa para ser legítimamente Sus hijos e hijas. 1 Timoteo 2:4 dice que Dios "...quiere que todos los hombres sean salvos y lleguen al conocimiento de la verdad". 2 Pedro 3:9 dice que Él "...no quiere que ninguno perezca, sino que todos procedan al arrepentimiento". Todo el que se arrepienta y crea en Jesús recibirá el perdón de los pecados.

Si bien todos nacen con la naturaleza humana caída, todos tienen la esperanza de nacer de nuevo por medio de la fe en Cristo, y de ser aceptados por Dios como Sus verdaderos hijos. Cuando los hijos de Dios nacen de nuevo (son espiritualmente transformados, renovados y santificados), son redimidos del poder del pecado y del dominio de la naturaleza humana caída. 1 Juan 3:9, dice:

⁹ Ninguno que es nacido de Dios [deliberadamente, a sabiendas y habitualmente] practica el pecado, porque la simiente de Dios [Su principio de vida, la esencia de Su carácter justo] permanece [inmutablemente] en él [quien nace de nuevo, quien

renace de lo alto; espiritualmente transformado,
renovado y apartado para Su propósito]; y [el que
nace de nuevo] no puede habitualmente [vivir una
vida caracterizada por] pecar,
porque es nacido de Dios y anhela agradarle".
1 Juan 3:9 (AMP)

La vida diaria de un hijo de Dios no puede caracterizarse por el pecado, porque ha nacido de Dios: ha sido "espiritualmente transformado, renovado y apartado para Su propósito... y anhela agradarle". Quienes han creído en Jesús y se han convertido en hijos de Dios han recibido una nueva naturaleza, literalmente. 2 Corintios 5:17 y 21, dice:

"17 De modo que si alguno está en Cristo, es una
nueva creación; las cosas viejas han pasado;
he aquí, todas las cosas son hechas nuevas".
"21 Porque al que no conoció pecado, por nosotros lo
hizo pecado, para que nosotros fuésemos
hechos justicia de Dios en Él".
2 Corintios 5:17, 21 (NKJV)

Mediante su fe en Cristo, Dios le da al creyente una nueva naturaleza y principio de vida. El versículo 17 se refiere a todo el que esté en Cristo como "una nueva creación". Dice que las cosas viejas han pasado, y todas las cosas son hechas nuevas.

El espíritu de aquel que llega a la fe en Cristo nace de nuevo, y se convierte en una nueva persona. El versículo 21 dice que Jesús fue hecho pecado para que los creyentes pudieran llegar a ser la justicia de Dios en Él. Los hijos de Dios son justos, y su espíritu nacido de nuevo anhela hacer la voluntad del Padre e identificarse con Él por medio de la adopción espiritual. Gálatas 4:3-7 dice:

> *"³ Así también nosotros, cuando éramos niños, estábamos en esclavitud bajo los rudimentos del mundo. ⁴ Pero cuando vino la plenitud del tiempo, Dios envió a Su Hijo, nacido de mujer, nacido bajo la ley, ⁵ para redimir a los que estaban bajo la ley, a fin de que recibiéramos la adopción como hijos. ⁶ Y por cuanto sois hijos, Dios ha enviado a vuestros corazones el Espíritu de Su Hijo que clama: '¡Abba, Padre!'. ⁷ Así que ya no eres esclavo, sino hijo; y si hijo,*
> *también heredero de Dios por medio de Cristo".*
> ### *Gálatas 4:3-7 (NKJV)*

El versículo 6 dice: "Y por cuanto sois hijos, Dios ha enviado a vuestros corazones el Espíritu de Su Hijo que clama: '¡Abba, Padre!'". De la misma manera en que un hijo natural llama deseoso a su padre, el Espíritu de Cristo lo hace en el corazón de los hijos de Dios. Su nueva naturaleza ya no desea satisfacer los anhelos y deseos de su carne, sino que anhela tener comunión con el Padre, y hacer Su voluntad y lo que Le agrada. Romanos capítulo 8 establece que existe una diferencia entre la naturaleza pecaminosa y la naturaleza del Espíritu. En los versículos 1-13, dice:

> *"¹ Ahora, pues, ninguna condenación hay para los que están en Cristo Jesús, los que no andan conforme a la carne, sino conforme al Espíritu. ² Porque la ley del Espíritu de vida en Cristo Jesús me ha librado de la ley del pecado y de la muerte. ³ Porque lo que era imposible para la ley,*

*por cuanto era débil por la carne, lo hizo Dios
enviando a Su Hijo en semejanza de carne de
pecado, a causa del pecado; Él condenó al pecado
en la carne, [4] para que la justa exigencia de la ley se
cumpliese en nosotros que no andamos conforme a
la carne, sino conforme al Espíritu.
[5] Porque los que viven conforme a la carne piensan
en las cosas de la carne, pero los que viven
conforme al Espíritu, en las cosas del Espíritu. [6]
Porque el ocuparse de la carne es muerte, pero el
ocuparse del espíritu es vida y paz. [7] Porque la
mente carnal es enemistad contra Dios; porque no
está sujeta a la ley de Dios, ni de hecho puede
estarlo. [8] Así que entonces, los que están en la
carne no pueden agradar a Dios. [9] Pero vosotros no
estáis en la carne, sino en el Espíritu, si es que el
Espíritu de Dios mora en vosotros. Ahora bien, si
alguno no tiene el Espíritu de Cristo, no es de Él. [10]
Y si Cristo está en vosotros, el cuerpo está muerto a
causa del pecado, pero el Espíritu es vida a causa
de la justicia. [11] Pero si el Espíritu de Aquel que
levantó a Jesús de los muertos mora en vosotros,
Aquel que levantó a Cristo Jesús de los muertos
vivificará también vuestros cuerpos mortales por Su
Espíritu que mora en vosotros. [12] Así que,
hermanos, somos deudores, no a la carne, para vivir
conforme a la carne. [13] Porque si vivís conforme a la
carne, moriréis; pero si por el Espíritu hacéis morir
las obras de la carne, viviréis".*
Romanos 8:1-13 (NKJV)

Los hijos de Dios ya no viven según los viejos
preceptos de su carne, sino que lo hacen en novedad
de vida según el Espíritu. Esto quiere decir que la
muerte que había en la vieja naturaleza interior caída

fue reemplazada por la vida del Espíritu de Cristo. El versículo 14 de Romanos 8, continúa diciendo: "Porque todos los que son guiados por el Espíritu de Dios, estos son hijos de Dios". Los hijos de Dios son guiados por el Espíritu de Dios, y su espíritu nuevo y renacido se identifica con el Espíritu de Dios. Romanos 8:15-17, dice:

"15 Porque no recibisteis de nuevo el espíritu de servidumbre para temer, sino que recibisteis el Espíritu de adopción por el cual clamamos: '¡Abba, Padre!'. 16 El Espíritu mismo da testimonio a nuestro espíritu de que somos hijos de Dios, 17 y si hijos, entonces herederos; herederos de Dios y coherederos con Cristo si en verdad sufrimos con Él, para que con Él juntamente también seamos glorificados".
Romanos 8:15-17 (NKJV)

El Espíritu de adopción no es otro que el Espíritu de Cristo mediante el cual los hijos de Dios se identifican con el Padre. El versículo 15 dice que es el Espíritu a través del cual clamamos "Abba, Padre" (Gálatas 4:6). El versículo 16, dice: "El Espíritu mismo da testimonio a nuestro espíritu de que somos hijos de Dios". A todo aquel que nace de nuevo y cree en Jesús, el Espíritu Santo le da testimonio y confirma que realmente ha sido hecho un hijo de Dios.

¡2 Corintios 1:22 y 5:5 dicen que Dios da a los creyentes el Espíritu en sus corazones como una "garantía"!.

"22 Quien también nos selló y nos dio el Espíritu en nuestros corazones como garantía".

2 Corintios 1:22 (NKJV)

"⁵ Ahora bien, quien nos ha preparado para esto mismo es Dios, quien también nos ha dado el Espíritu como garantía".
2 Corintios 5:5 (NKJV)

Dios da Su Espíritu en el corazón de los creyentes como garantía de que cumplirá todo lo que les ha prometido, lo que incluye su salvación y su adopción. Los creyentes son "sellados" con el Espíritu Santo, es decir, Dios los marca como Su propiedad y les da Su aprobación. Efesios 1:13-14, dice:

"¹³ En Él también vosotros confiasteis, después de haber oído la palabra de verdad, el evangelio de vuestra salvación; en quien también, habiendo creído, fuisteis sellados con el Espíritu Santo de la promesa, ¹⁴ el cual es la garantía de nuestra herencia hasta la redención de la posesión adquirida, para alabanza de Su gloria".
Efesios 1:13-14 (NKJV)

La persona que cree en el Evangelio, la Palabra de Verdad, recibe el sello del Espíritu Santo como posesión de Dios hasta el momento de su redención completa, cuando Jesús regrese. Efesios 4:30, dice:

"³⁰ Y no contristéis al Espíritu Santo de Dios, con el cual fuisteis sellados para el día de la redención".
Efesios 4:30 (NKJV)

Dios ha hecho Su hogar, Su morada, en los corazones de los que creen en Jesús. Juan 20:22 dice que Jesús, después de Su resurrección, sopló sobre Sus discípulos y les dijo: "Recibid el Espíritu Santo". El sello del Espíritu Santo es la evidencia del nuevo nacimiento. Cuando Dios creó al hombre sopló vida en él, y cuando creemos en Jesús y nacemos de nuevo, Dios sopla en nosotros el nuevo aliento del Espíritu Santo. 2 Corintios 6:14-18, dice:

"14 No os unáis en yugo desigual con los incrédulos. Porque, ¿qué compañerismo tiene la justicia con la injusticia? ¿Y qué comunión tiene la luz con la oscuridad? 15 ¿Y qué concordia tiene Cristo con Belial? ¿O qué parte tiene el creyente con el incrédulo? 16 ¿Y qué acuerdo tiene el templo de Dios con los ídolos? Porque vosotros sois templo del Dios viviente. Como Dios ha dicho: 'Moraré en ellos y caminaré entre ellos. Yo seré su Dios, y ellos serán Mi pueblo'. 17 Por tanto, 'Salid de en medio de ellos y apartaos, dice el Señor. No toquéis lo inmundo, y Yo os recibiré. 18 Yo seré un Padre para vosotros, y vosotros seréis Mis hijos e hijas, dice el Señor Todopoderoso'".
2 Corintios 6:14-18 (NKJV)

El versículo 16, dice: "…Porque vosotros sois templo del Dios viviente..". 1 Corintios 3:16, dice: "¿No sabéis que sois templo de Dios y que el Espíritu de Dios mora en vosotros?". 1 Corintios 6:19, dice: "¿O no sabéis que vuestro cuerpo es templo del Espíritu Santo que está en vosotros, el cual tenéis de Dios, y que no sois vuestros?". Dios vive en el interior de los creyentes, y a quienes se mantienen creciendo en la fe y se separan de la influencia de actitudes y conductas incrédulas que promueven el pecado, les promete: "Moraré en ellos y caminaré entre ellos. Yo seré su Dios, y ellos serán Mi pueblo"; "Yo seré un

Padre para vosotros, y vosotros seréis Mis hijos e hijas".

¡El Espíritu de Dios que mora en nuestros corazones es evidencia innegable de que realmente somos hijos de Dios y de que tenemos Su aceptación! Pero considero importante mencionar que además del nuevo nacimiento y el sello del Espíritu Santo, también contamos con la llenura del Espíritu Santo que es evidencia de que Dios le da aceptación a Sus hijos. Efesios 5:17-18, dice:

"17 Por tanto, no seáis insensatos, sino entendidos de cuál sea la voluntad del Señor. 18 Y no os embriaguéis con vino, en lo cual hay disolución; mas sed llenos del Espíritu".
Efesios 5:17-18 (NKJV)

La llenura del Espíritu Santo es un don de Dios que está disponible para todo creyente que desee recibirlo. En Lucas 11:9-13, Jesús dijo:

"9 Así que os digo, pedid, y se os dará; buscad y hallaréis; llamad, y se os abrirá. 10 Porque todo el que pide recibe, y el que busca halla, y al que llama se le abre. 11 Si un hijo le pide pan a su padre de entre vosotros, ¿le dará una piedra? O si le pide un pescado, ¿le dará una serpiente en lugar de un pescado? 12 O si le pide un huevo, ¿le ofrecerá un escorpión? 13 Pues si vosotros, siendo malos, sabéis dar buenas dádivas a vuestros hijos, ¡cuánto más vuestro Padre celestial dará el Espíritu Santo a los que se lo pidan!".
Lucas 11:9-13 (NKJV)

¡El Padre dará el Espíritu Santo a los que se lo pidan! En Juan 14:13-18 y 25-26, Jesús dijo:

"13 Y todo lo que pidáis en Mi nombre, lo haré, para que el Padre sea glorificado en el Hijo.
14 Si algo pidiereis en Mi nombre, Yo lo haré. 15 Si Me amáis, guardad Mis mandamientos.
16 Y Yo rogaré al Padre, y os dará otro Consolador, para que esté con vosotros para siempre:
17 El Espíritu de verdad, a quien el mundo no puede recibir, porque no Le ve ni Le conoce;
pero vosotros Le conocéis, porque mora con vosotros y estará en vosotros.
18 No os dejaré huérfanos; vendré a vosotros".
25 "Estas cosas os he dicho estando presente con vosotros. 26 Mas el Consolador,
el Espíritu Santo, a quien el Padre enviará en Mi nombre, Él os enseñará todas las cosas, y os recordará todo lo que Yo os he dicho".
Juan 14:13-18, 25-26 (NKJV)

El Espíritu Santo es el Ayudador que Dios nos prometió (Juan 15:26, 16:13-15). En Lucas 24:49 y Hechos 1:4, Jesús habló del Espíritu Santo diciendo que era "la Promesa del Padre". Cuando el Padre acepta a los creyentes como Sus hijos, Él está siempre listo en Su gracia para derramar Su Espíritu sobre todo el que desee recibir. Hechos 1:4-5 y 8, dice:

"4 Y estando reunido con ellos, les mandó que no se fueran de Jerusalén, sino que esperaran la Promesa del Padre, 'la cual', dijo, 'habéis oído de Mí; 5 porque Juan verdaderamente bautizó con agua, pero vosotros seréis bautizados con el Espíritu Santo

dentro de no muchos días'".
⁸ Pero recibiréis poder, cuando haya venido sobre vosotros el Espíritu Santo; y Me seréis testigos en Jerusalén, en toda Judea y Samaria, y hasta lo último de la tierra".
Hechos 1:4-5, 8 (NKJV)

Jesús dijo, "...seréis bautizados con el Espíritu Santo..." y "...recibiréis poder, cuando haya venido sobre vosotros el Espíritu Santo...". En Lucas 24:49, Jesús dijo a Sus discípulos que esperaran en Jerusalén hasta recibir poder de lo alto. Dios empodera a Su pueblo a través del bautismo del Espíritu Santo para que puedan vivir para Cristo y ser Sus testigos.

La evidencia inicial de la llenura del Espíritu Santo, según el Libro de los Hechos, es el don de hablar en otras lenguas. El día de Pentecostés es ejemplo de esto. Hechos 2:4, dice:

⁴ Y fueron todos llenos del Espíritu Santo y comenzaron a hablar en otras lenguas, según el Espíritu les daba que hablasen".
Hechos 2:4 (NKJV)

Otro ejemplo se encuentra en Hechos 10:44-47:

⁴⁴ Mientras Pedro aún hablaba estas palabras, el Espíritu Santo cayó sobre todos los que oían la palabra. ⁴⁵ Y los de la circuncisión que habían creído estaban asombrados, todos los que habían venido con Pedro, porque el don del Espíritu Santo había sido derramado también sobre los gentiles. ⁴⁶ Porque los oían hablar en lenguas y engrandecer a

Dios. Entonces Pedro respondió: ⁴⁷ *'¿Puede alguien impedir el agua, para que no sean bautizados estos que han recibido el Espíritu Santo como nosotros?'".*
Hechos 10:44-47 (NKJV)

Si algún creyente desea el don de la llenura del Espíritu Santo, pero no lo ha recibido, solo tiene que pedirlo en el Nombre de Jesús. En Juan 16:24, Jesús dijo:

"²⁴ Hasta ahora nada habéis pedido en Mi nombre. Pedid y recibiréis, para que su gozo sea complido".
Juan 16:24 (NKJV)

¡"Pedid y recibiréis"! Para recibir la llenura solo se necesita hacer una simple oración: *Padre Dios, creo que como creyente nacido de nuevo, tienes para mí el don de la llenura de Tu Espíritu Santo. Jesús dijo: "¡Pedid y se os dará!". Entonces, Te pido ahora Padre que me llenes con Tu Espíritu Santo, con la evidencia de hablar en otras lenguas, ¡y Te lo agradezco, Señor, en el Nombre de Jesús! Amén.*

¡Gloria a Dios! Si hiciste esta oración, te animo a que a creer que la recibiste. Dios es un buen Padre y da buenas dádivas a Sus hijos (Santiago 1:17). Llénate continuamente del Espíritu Santo orando de corazón a Dios. Juan 7:38-39, dice:

"³⁸ El que cree en Mí, como dice la Escritura, de su interior correrán ríos de agua viva. ³⁹ Pero esto dijo acerca del Espíritu que recibirían los que creyeran en Él; porque el Espíritu Santo aún no había sido dado, porque Jesús aún no había sido glorificado".
Juan 7:38-39 (NKJV)

¡Que fluyan los ríos! No te preocupes por cómo suena cuando oras, solo enfócate en ser sincero y en orar de corazón. 1 Corintios 14:2 y 14, dice:

"2 Porque el que habla en lengua desconocida, no habla a los hombres, sino a Dios;
porque nadie le entiende ni capta su significado,
sino que por el Espíritu habla misterios
[verdades secretas, cosas ocultas]".
"14 Porque si oro en lengua [desconocida], mi espíritu ora, pero mi mente es estéril
[porque no entiende lo que mi espíritu está orando]".
1 Corintios 14:2, 14 (AMP)

La oración en el Espíritu Santo es un medio de oración que Dios dio a Sus hijos, que excede a nuestro razonamiento y entendimiento natural. Tal como dicen los versículos 2 y 14, nuestro espíritu orará siendo guiado por el Espíritu de Dios. Nuestra oración no tendrá un lenguaje natural, sino uno espiritual a través del cual nuestro espíritu se comunicará directamente con Dios; es un don espiritual de Dios. Para crecer en este don necesitamos pasar tiempos íntimos de comunión con Dios. El Padre nos aceptó y nos invita a acercarnos confiadamente a Su Trono, el Lugar Santísimo. Hebreos 4:16, dice:

"16 Acerquémonos, pues, confiadamente al trono de la gracia, para alcanzar misericordia y hallar gracia en tiempo de necesidad".
Hebreos 4:16 (NKJV)

Hebreos 10:19-23, dice:

"19 Así que, hermanos, teniendo libertad para entrar en el Lugar Santísimo por la sangre de Jesús, 20 por el camino nuevo y vivo que Él nos consagró a través del velo, esto es, de Su carne,
21 y teniendo un Sumo Sacerdote sobre la casa de Dios, 22 acerquémonos con corazón sincero, en plena certidumbre de fe, purificados los corazones de mala conciencia, y lavados los cuerpos con agua pura. 23 Mantengamos firme la profesión de nuestra esperanza sin vacilar, porque Aquel que prometió es fiel".
Hebreos 10:19-23 (NKJV)

Dios quiere que nos acerquemos a Él osadamente, en plena certidumbre de fe, con una esperanza y una expectativa firmes. En el Antiguo Pacto, solo algunos hombres muy específicos podían entrar al Lugar Santísimo, detrás del velo, donde estaba la Presencia del Dios Trino. Pero no solo había un acceso limitado, sino que además debía ofrecerse un sacrificio de animales por los pecados de la persona que ingresaba, y de aquellos por quienes ingresaba. Sin embargo, Jesús se ofreció a Sí mismo, destruyendo el velo; y por medio de Su sangre, ahora podemos entrar confiadamente al Lugar Santísimo y presentarnos libremente delante de Dios. Hebreos 9:12-15, dice:

"12 No con sangre de machos cabríos ni de becerros, sino con Su propia sangre, entró una vez y para siempre en el Lugar Santísimo, habiendo obtenido eterna redención. 13 Porque si la sangre de los toros y de los machos cabríos, y las cenizas de la becerra, rociadas a los inmundos, santifican para la

purificación de la carne, ^{14} ¿cuánto más la sangre de Cristo, el cual por el Espíritu eterno se ofreció a Sí mismo sin mancha a Dios, limpiará vuestra conciencia de obras muertas para servir al Dios vivo? ^{15} Y por esto es el Mediador del nuevo pacto, por medio de muerte, para la expiación de las transgresiones bajo el primer pacto, para que los que son llamados reciban la promesa de la herencia eterna".
Hebreos 9:12-15 (NKJV)

Jesús es el Mediador del Nuevo Pacto (1 Timoteo 2:5-6). Él entró una vez y para siempre en el Lugar Santísimo, obteniendo eterna redención por el derramamiento de Su sangre. ¡Como creyentes e hijos de Dios, la sangre de Cristo nos redime! Él nos rescató del poder del pecado y de la pena de muerte del pecado, y nos acercó a Dios. Es nuestro derecho acercarnos a Dios, al ver el valor que la sangre de Cristo le ha dado a nuestras vidas. 1 Pedro 1:18-19, dice:

"^{18} sabiendo que no fuisteis redimidos con cosas corruptibles, como oro o plata, de vuestra conducta sin propósito recibida por la tradición de vuestros padres, ^{19} sino con la sangre preciosa de Cristo, como de un cordero sin mancha y sin defecto. ^{20} Él ciertamente fue predestinado antes de la fundación del mundo, pero Se manifestó en estos últimos tiempos por vosotros ^{21} que por Él creéis en Dios, que Lo resucitó de los muertos y Le dio gloria, para que vuestra fe y esperanza estén en Dios".
1 Pedro 1:18-21 (NKJV)

El valor que tenemos como hijos de Dios no se basa en factores naturales como nuestro salario, nuestros talentos, nuestro aspecto, u otros similares. Estos son estándares que el mundo usa, son temporales y están sujetos a cambio repentino. El valor de nuestras vidas está dado por nuestra redención en Cristo. La sangre de Jesús les dio eterno valor e importancia. Nuestra fe y esperanza están en Dios. La sangre de Cristo nos hace aceptos delante de Dios. 1 Corintios 6:20 y 7:23, dicen:

"20 Porque habéis sido comprados por precio; glorificad, pues, a Dios en vuestro cuerpo y en vuestro espíritu, los cuales son de Dios".
1 Corintios 6:20 (NKJV)

"23 Por precio habéis sido comprados; no os hagáis esclavos de los hombres".
1 Corintios 7:23 (NKJV)

¡Hemos sido comprados por un precio! Una vez, uno de mis pastores dijo algo que me ha quedado grabado a lo largo de los años. Él dijo que el valor real de algo se puede determinar por lo que una persona estaba dispuesta a pagar o dar a cambio de ello. Cuando vemos nuestras vidas como creyentes e hijos de Dios, Él dio a Su precioso Hijo unigénito para poder aceptarnos. Jesús derramó Su propia sangre y sacrificó Su propia vida. ¡Esto muestra el gran valor e importancia que nos da, y Dios piensa que vale la pena morir por nosotros!

Siempre debemos recordar y considerar el alto precio que Jesús pagó por nuestras vidas, pues es lo que les da su valor. Dar Su vida en la cruz no fue una experiencia placentera; Él sufrió un dolor y un sufrimiento inimaginables. Te recomiendo que leas los relatos de los Evangelios acerca de la crucifixión de Jesús, pero que también investigues la historia y la dura realidad del antiguo proceso de crucifixión romano; así podrás conocer en más detalle lo que ahí ocurrió. Antes de que lo colgaran hasta morir, Jesús fue azotado, golpeado, despojado, escupido, traspasado con una corona de espinas, y mucho más. Él aceptó todo esto voluntariamente para poder aceptarnos a nosotros. Jesús estaba dispuesto a pagar el precio.

El poder que hay en apreciar Su sacrificio radica en el hecho de que no permaneció muerto como si hubiera sido derrotado por la muerte, ¡sino que Se levantó! Es ahí donde podemos reconocer la sabiduría de Dios, y que fuimos visitados por Dios mismo. 1 Corintios 2:7-8, dice:

"[7] Más bien, lo que estamos exponiendo es la sabiduría de Dios que una vez estuvo escondida [del entendimiento humano] y ahora es revelada a nosotros por Dios – [esa sabiduría] que Dios ideó y decretó antes de los siglos para nuestra glorificación [para elevarnos a la gloria de Su presencia]. [8] Ninguno de los gobernantes de este siglo o mundo percibió ni reconoció ni entendió esto, porque si lo hubieran hecho, nunca habrían crucificado al Señor de la gloria".
1 Corintios 2:7-8 (AMPC)

¡Jesús es el Señor de la gloria! Él está vivo hoy, no solo para ser nuestro Salvador, sino también para ser nuestro Señor. Por medio de Él somos elevados a la gloria de la Presencia de Dios. Colosenses 1:26-27, dice:

"26 Cuyo misterio estuvo escondido por siglos y generaciones [de los ángeles y los hombres], pero ahora ha sido revelado a Su pueblo santo (los santos), 27 a quienes Dios se complació en hacer saber cuán grandes son para los gentiles las riquezas de la gloria de este misterio, que es Cristo en vosotros y entre vosotros, la Esperanza de [entender la] gloria".
Colosenses 1:26-27 (AMPC)

Cristo en nosotros es nuestra esperanza para entender la gloria que Dios nos ha destinado. Su Señorío nos da una expectativa confiada de experimentar la gloria prevista por Dios para nuestras vidas como creyentes y como Sus hijos e hijas. Efesios 2:4-10, dice:

"4 Pero Dios, que es rico en misericordia, por Su gran amor con que nos amó, 5 aun estando nosotros muertos en pecados, nos dio vida juntamente con Cristo (por gracia sois salvos), 6 y nos resucitó juntamente y nos hizo sentar en los lugares celestiales con Cristo Jesús, 7 para mostrar en los siglos venideros las abundantes riquezas de Su gracia en Su bondad para con nosotros en Cristo Jesús. 8 Porque por gracia sois salvos por medio de la fe, y esto no de vosotros; es el don de Dios, 9 no por obras, para que nadie se gloríe. 10 Porque somos hechura Suya, creados en Cristo Jesús para buenas obras, las cuales Dios preparó de antemano para que anduviésemos en ellas". **Efesios 2:4-10 (NKJV)**

Aun cuando estábamos muertos en nuestros pecados, Dios nos dio vida juntamente con Cristo por medio de la fe. Nos resucitó juntamente con Él y nos hizo sentar en los lugares celestiales en Él. Nos glorificó y apartó para Su gloria en el espíritu. Pensar que no hicimos nada para ganar o merecer una salvación tan grande como la que hemos recibido es muy aleccionador; y en este humilde lugar, nos damos cuenta de que esta es la realidad de la gracia de Dios. ¡Por gracia hemos sido salvados, mediante nuestra fe en Cristo! No es de nosotros mismos, sino que es don de Dios. Romanos 3:23-25, dice:

"23 por cuanto todos pecaron y están destituidos de la gloria de Dios, 24 siendo justificados gratuitamente por Su gracia, mediante la redención que es en Cristo Jesús, 25 a Quien Dios puso como propiciación en Su sangre, por medio de la fe, para manifestar Su justicia, porque en Su paciencia Dios había pasado por alto los pecados cometidos anteriormente".
Romanos 3:23-25 (NKJV)

Todos pecaron y están destituidos de la gloria de Dios. ¡Pero como hijos de Dios, fuimos justificados gratuitamente por Su gracia mediante la redención que es en Cristo Jesús! Cuando apreciamos la sangre de Jesús, tenemos una confianza que no solo nos permite acercarnos a Dios, sino también identificarnos con Él, y recibir Sus promesas y nuestra herencia eterna. En el próximo capítulo, *Identifícate*, revisaremos cuál es el contexto de las promesas de Dios, y analizaremos cómo aceptar Su plan y propósito para la vida de Sus hijos.

1 Juan 3:2-3, dice:

"2 Amados, ahora somos hijos de Dios; y aún no se ha revelado lo que seremos, pero sabemos que cuando Él se manifieste, seremos semejantes a Él, porque Le veremos tal como Él es. 3 Y todo aquel que tiene esta esperanza en Él, se purifica a sí mismo, así como Él es puro".
1 Juan 3:2-3 (NKJV)

¡Amados, ahora somos hijos de Dios! Nuestro espíritu fue vivificado para Dios por medio de Cristo, y ahora nuestra identidad es la de Sus amados hijos e hijas. Cuando Cristo vuelva y se manifieste, seremos hijos de Dios semejantes a Él, seremos como Él y Lo veremos como realmente es, en toda Su gloria. Esta es nuestra esperanza asombrosa, y con ella tenemos un fuerte aliento para apreciar que somos aceptos por Dios, y para vivir nuestras vidas como Él lo ha previsto: ¡para Su gloria en Cristo!

CAPÍTULO 6: IDENTIFICATE

Nuestra identidad como hijos de Dios no se estableció según factores naturales externos, tales como nuestra apariencia física, origen étnico, estatus social, formación académica, o incluso las experiencias que hemos tenido en la vida. Nuestra identidad se estableció en el nuevo nacimiento, a causa de nuestra fe en el Hijo de Dios. De modo que podemos mostrar una nueva confianza en quien somos, y esperar cosas más seguras sobre cómo nos vemos a nosotros mismos. 1 Pedro 1:3, dice:

"³ Bendito [agradecidamente alabado y adorado] sea
el Dios y Padre de nuestro Señor
Jesucristo, que según Su misericordia abundante y
sin límites nos ha hecho nacer de nuevo
[es decir, renacer de lo alto; espiritualmente
transformados, renovados, y apartados
para Su propósito] para una esperanza eterna y una
seguridad confiada por la resurrección
de Jesucristo de entre los muertos".

1 Pedro 1:3 (AMP)

En el nuevo nacimiento somos espiritualmente transformados, renovados y apartados para el propósito de Dios a una esperanza siempre viva y eterna en Cristo. Tenemos una confianza segura de nuestra aceptación en Dios mediante la resurrección de Jesús de entre los muertos, y nuestra vida en la tierra cobra un nuevo propósito. 1 Pedro 1:4-5, lo describe:

"4 [nacidos de nuevo] en una herencia que es incorruptible [fuera de toda posibilidad de cambio], incontaminada e inmarcesible, reservada en los cielos para vosotros, 5 quienes estáis siendo protegidos y escudados por el poder de Dios a través de vuestra fe, para la salvación que está lista para ser revelada [a vosotros] en los últimos tiempos".
1 Pedro 1:4-5 (AMP)

Nacemos de nuevo a una herencia imperecedera que excluye toda posibilidad de cambio, y que está reservada en el cielo para nosotros. El poder de Dios nos protege y escuda por medio de nuestra fe para salvación. Estas son realidades de nuestra identidad como hijos de Dios que nos dan confianza para identificarnos de una manera que le dé gloria. 2 Pedro 1:3-4, dice:

"3 Su divino poder, al darnos el conocimiento de aquel que nos llamó por su propia gloria y excelencia, nos ha concedido todas las cosas que necesitamos para vivir como Dios manda. 4 Así Dios nos ha entregado sus preciosas y

*magníficas promesas para que ustedes, luego de
escapar de la corrupción que hay en el mundo
debido a los malos deseos, lleguen a tener
parte en la naturaleza divina".*
2 Pedro 1:3-4 (NVI)

Debido a nuestra fe en Jesucristo y a que conocemos a Dios de manera personal, Él nos ha dado Su poder divino, junto a todo lo necesario para identificarnos como Sus hijos y vivir una vida piadosa. Dios nos llamó por Su propia gloria y bondad, y nos dio Sus preciosas promesas, que son los medios que nos permiten participar de la naturaleza divina y escapar a la corrupción que hay en el mundo. Un excelente ejemplo de esto es el Evangelio de Jesucristo y la promesa de salvación de Dios. Romanos 1:16, dice:

*"16 Porque no me avergüenzo del evangelio de
Cristo, porque es el poder de Dios para salvación a
todo aquel que cree, para el judío primeramente, y
también para el griego".*
Romanos 1:16 (NKJV)

El Evangelio de Cristo es el poder de Dios para recibir Su promesa de salvación. Cuando creemos en Jesús, Dios realmente nos capacita para vivir una vida agradable a Él y que sea digna de recibir Sus promesas. No tenemos razón para avergonzarnos de las promesas de Dios. Él dispuso que por medio de ellas participáramos de la naturaleza divina y fuéramos separados de la corrupción que hay en el mundo. Nuestra fe en Cristo y el conocimiento personal de Dios nos dan acceso a Su poder divino para recibir cada una de Sus promesas.

La primera vez que la fe se activa en nuestra vida es mediante la promesa de la salvación, pero Dios quiere que recibamos muchas otras promesas. En el último capítulo hablamos de la promesa de la llenura del Espíritu Santo, pero también tenemos promesas de salud y sanidad divinas, de prosperidad financiera, de compañerismo con otros creyentes, de protección divina, y muchas más. ¡Todo lo que el Padre tiene también es nuestro en Cristo Jesús y como hijos de Dios! 2 Corintios 1:20, dice:

"20 Porque todas las promesas de Dios en Él son Sí, y en Él Amén, para la gloria de Dios por medio de nosotros".
2 Corintios 1:20 (NKJV)

En Cristo, todas las promesas que Dios tiene para nosotros son seguras: "Sí" y "Amén". Sin importar cuál sea la promesa, somos calificados, porque estamos en Cristo. Las Escrituras también nos muestran que Dios ha querido ser glorificado por medio del cumplimiento de Sus promesas en nuestras vidas. Al ser hijos de Dios, tenemos la asombrosa esperanza de aguardar la gloria venidera de Cristo y nuestra glorificación con Él. Pero también tenemos esperanza para el presente, mientras aguardamos el cumplimiento de Sus promesas, que son parte de nuestra herencia eterna. Como hijos de Dios, tenemos una herencia gloriosa mediante la obra consumada de Cristo. Efesios 1:11-12, dice:

"11 En Él también obtuvimos una herencia, siendo predestinados según el propósito de Aquel que hace todas las cosas según el consejo de Su voluntad, 12 para que nosotros, los que primero confiamos en

Cristo, seamos para alabanza de Su gloria".
Efesios 1:11-12 (NKJV)

Conforme a Su propósito y el consejo de Su voluntad, Dios nos predestinó para vivir para Su gloria en Cristo. Dios hizo una gran inversión en nuestras vidas y nos dio Sus preciosas promesas: ¡el retorno que Él espera para Su inversión es la gloria! Cada una de nuestras vidas tiene valor en gloria, según el plan y propósito de Dios en Cristo. Dios tiene un plan y propósito para cada una de nuestras vidas. Efesios 2:10, dice:

"10 Porque somos hechura Suya [Su propia obra maestra, una obra de arte], creados en Cristo Jesús [renacidos de lo alto: espiritualmente transformados, renovados, listos para ser usados] para buenas obras, las cuales Dios preparó [para nosotros] de antemano [tomando los caminos que Él estableció], para que anduviésemos en ellas [viviendo la buena vida que Él dispuso y preparó para nosotros]".
Efesios 2:10 (AMP)

¡Somos hechura suya, creados en Cristo Jesús para buenas obras! Fue Dios quien preparó estas buenas obras para nosotros, en Cristo, aun antes de que tuviéramos conciencia de ellas. Él dispuso sendas para que transitemos, de antemano dispuso y nos preparó una buena vida para vivirla. Romanos 8:28-30, dice:

"28 Y sabemos que todas las cosas ayudan a bien a los que aman a Dios, a los que conforme a Su

propósito son llamados. [29] Porque a los que de antemano conoció, también los predestinó para ser hechos conforme a la imagen de Su Hijo, para que Él sea el primogénito entre muchos hermanos. [30] Además, a los que predestinó, a estos también llamó; a los que llamó, a estos también justificó; y a los que justificó, a estos también glorificó".
Romanos 8:28-30 (NKJV)

El versículo 28 nos da la seguridad de que cuando amamos a Dios, habiendo sido llamados conforme a Su propósito, todas las cosas cooperarán para nuestro bien. El versículo 29 dice que a los que de antemano conoció, los predestinó para que fueran hechos conforme a la imagen de Su Hijo. Dios nos conoció incluso antes de que estuviéramos en el vientre de nuestra madre, y nos predestinó para el nuevo nacimiento y la adopción como hijos Suyos. Su propósito para nuestras vidas es que seamos hechos conforme a la imagen de Jesucristo.

El versículo 30 dice que a los que predestinó también los llamó. Aquí es importante considerar que hay un llamado de Dios. ¡Él nos ha llamado a todos a ser hijos y nos llama a Su gloria! Pero quien debe responder a este llamado somos nosotros. Una característica de Dios es que Él no fuerza Su voluntad y deseos en nuestras vidas; no nos obliga a glorificarlo. Dios da a cada persona la libertad de decidir si coopera o no con Su voluntad. Pero para poder vivir en nuestra identidad y propósito como hijos de Dios, debemos decidir responder a Su llamado.

A lo largo de nuestras vidas nos veremos enfrentados

continuamente a esta elección. El versículo 30 nos revela que tenemos un futuro de gloria que es seguro; y que tal como Dios nos ha *predestinado* y *llamado*, también nos ha *justificado* y *glorificado*. Así de seguros podemos estar de nuestro futuro cuando decidimos responder a Su llamado. ¡Nuestro futuro es la gloria! Podemos mirar hacia adelante y esperar que, a medida que le damos prioridad a colaborar con Su Palabra, todo lo que Él tiene reservado para nosotros se cumpla.

En el capítulo 1, *¿Quién es Cristo?*, examinamos la vida de Jesús y cómo vivió la identidad y el propósito que Dios le dio como Su Hijo. Vimos que nos dio el ejemplo de confiar en lo que Dios Padre había dicho sobre Él, y cómo escogió identificarse en base a esto. Así también nosotros, como hijos de Dios, debemos confiar en Su Palabra y escoger identificarnos en base a lo que Él dice de nosotros; de esta manera podremos responder a Su llamado y vivir realmente Su plan y propósito para nuestras vidas,.

Es la Palabra de Dios lo que da identidad a los hijos de Dios. La definición de *identidad* que se dio en la *Introducción* es la siguiente: la condición o carácter de quién es una persona; las cualidades, creencias, etc., que distinguen o identifican a una persona (traducción de Dictionary.com, 2022). La Palabra de Dios nos dice quiénes somos. Uno de mis objetivos al escribir este libro ha sido incluir todos los versículos que sea necesario, para que así veas que la información que comparto no es simplemente mi opinión personal, sino que proviene de las Sagradas Escrituras que son la Palabra escrita de Dios e inspirada por Él.

Este libro es un muy buen recurso sobre identidad, tanto para provecho personal como para compartirlo, pero la Palabra de Dios siempre será nuestro máximo recurso. Cada persona y, en especial, cada hijo de Dios, es responsable de aprender más y más sobre lo que dice la Palabra de Dios, y de creerlo e identificarse conforme a ello. Hablando sobre el Evangelio de Cristo, Romanos 1:17 dice:

"17 Porque en él la justicia de Dios se revela por fe y para fe; como está escrito: 'El justo por la fe vivirá'".
Romanos 1:17 (NKJV)

Los hijos de Dios nacemos de Él por fe, y asimismo vivimos por fe. El versículo 17, dice: "...la justicia de Dios se revela por fe y para fe...", y "...El justo por la fe vivirá". Los hijos de Dios no debemos avergonzarnos de Su Palabra ni de la identidad que ella nos da. Por el contrario, debemos crecer constantemente en la fe en la Palabra y en nuestra identidad, y vivir conforme al poder que ha estado disponible para nosotros desde el momento en que comenzamos a creer. 1 Pedro 1:23-25, dice:

"23 habiendo nacido de nuevo, no de simiente corruptible, sino de incorruptible, por la palabra de Dios que vive y permanece para siempre, 24 porque 'Toda carne es como hierba, y toda la gloria del hombre, como flor de la hierba. La hierba se seca, y su flor cae, 25 Pero la palabra del Señor permanece para siempre'".
1 Pedro 1:23-25 (NKJV)

Los hijos de Dios hemos nacido de nuevo de la

108

simiente incorruptible de la Palabra de Dios que vive y permanece para siempre. La naturaleza carnal de quienes están en el mundo los induce y los constriñe, y no viven su vida para honrar a Dios, sino para la gloria temporal del hombre. ¡Dios ha querido que vivamos nuestras vidas conforme a un estándar diferente de gloria, que es Su gloria!

Todo hijo de Dios debe medir su vida de acuerdo al estándar de Su Palabra que permanece para siempre. Jesús es la Palabra, y la gloria que trae a nuestras vidas nunca falla. Los hijos de Dios debemos estar atentos a no recibir información que sea contraria a la Palabra y a lo que Él dice sobre nuestra identidad, pues lo que permitamos que nos influencie afectará lo que creemos en el corazón, y lo que creemos en el corazón afectará el curso de nuestra vida. Proverbios 4:23, dice:

"23 Guarda (protege) tu corazón con toda diligencia, porque de él brota la vida".
Proverbios 4:23 (NKJV)

Cuando damos lugar a influencias equivocadas corremos el peligro de identificarnos de una manera errónea. La identificación es una cuestión de vida que brota del corazón. Mateo 12:34, dice "…Porque de la abundancia del corazón habla la boca". Cuando una persona se identifica, deberá también confesar o decir lo que cree o percibe de sí misma.

La definición informal de *identificarse* entregada en la *Introducción* es: "decir o describir quién es una persona o lo que es". Lo que sea que una persona haya permitido que entre en su corazón será lo que dictará sus creencias y confesiones y, en última instancia, determinará cómo se identifica. Por esto es tan importante que guardes y protejas tu corazón con toda diligencia, tal como lo instruye el versículo de Proverbios 4:23. En Proverbios 27:19, leemos:

"19 Así como el rostro se refleja en el agua, el corazón refleja a la persona tal como es".
Proverbios 27:19 (NTV)

Una persona que recibe la influencia de información que se opone a lo que Dios establece se identificará de esa manera, y es lo que comenzará a decir sobre sí misma. Pero este también es el modo en que la Palabra de Dios influye en la vida de Sus hijos: llega a nuestro corazón y cambia lo que decimos de nosotros mismos y la forma en que nos identificamos. Entonces, lo que creamos y digamos de nosotros mismos se alineará gradualmente con quién la Palabra de Dios dice que somos. Romanos 10:8, dice:

"8 Pero, ¿qué dice? 'La palabra está cerca de ti, en tu boca y en tu corazón' (es decir, la palabra de fe que predicamos)".
Romanos 10:8 (NKJV)

La Palabra de Dios está en la boca y en el corazón del creyente. Solo ella puede crear en nuestro corazón la fe que vivimos como hijos de Dios. Romanos 10:17, dice:

"17 Así que la fe viene por el oír, y el oír por la palabra de Dios".
Romanos 10:17 (NKJV)

La fe viene por el oír, y el oír por la Palabra de Dios. Piénsalo así: antes de que una persona nazca de nuevo necesita haber oído el Evangelio de Cristo. Una vez que ha oído el Evangelio, debe confesar con su boca al Señor Jesús, y creer en su corazón que Dios Lo resucitó de entre los muertos (Romanos 10:9). Cuando la persona cree, dentro de ella viene a vivir el mismo poder de Dios que se manifestó cuando Cristo fue resucitado de entre los muertos. Entonces, como la Palabra de Dios dice que somos Sus hijos, eso es lo que debemos decir con nuestra boca y creer con nuestro corazón. 2 Corintios 4:13, dice:

"13 Y puesto que tenemos el mismo espíritu de fe, conforme a lo que está escrito: 'Creí, y entonces hablé', también nosotros creemos, y por eso hablamos".
2 Corintios 4:13 (NKJV)

Dado que la fe cree, entonces también habla. Quizás en este momento no estés en un lugar de fe en relación a tu identidad, pero te animo a que no te quedes ahí. A medida que creas en la Palabra de Dios y ejerzas fe con respecto a tu identidad, verás que Su poder te saldrá al encuentro y te ayudará a vivir con éxito tu identidad y propósito, tal como lo hizo Jesús. Hebreos 11:1 y 6, dicen:

"1 Ahora bien, la fe es la certeza (título de propiedad, confirmación) de las cosas que se esperan (garantizadas divinamente), y la evidencia de las cosas que no se ven [la convicción de su realidad: la fe comprende como un hecho lo que no puede ser

experimentado por los sentidos físicos]".
⁶ Pero sin fe es imposible [caminar con Dios y]
agradarle, porque todo el que venga a
[cerca de] Dios debe [necesariamente] creer que Él
existe y que recompensa a los que [ferviente y
diligentemente] Lo buscan".
Hebreos 11:1, 6 (AMP)

La fe es la certeza de lo que esperamos, lo que Dios ha garantizado divinamente. La fe comprende como hecho algo que los sentidos físicos aún no pueden experimentar. Tu fe crecerá a medida que decidas identificarte conforme a la Palabra de Dios. Él es galardonador de los que le buscan diligentemente. A medida que creas te irás encontrando con el poder de Dios que te permitirá vivir para Su gloria. Con el tiempo verás cómo tus palabras, creencias y experiencias se van transformando hasta que llegues a vivir la misma identidad y propósito que Dios tiene para ti.

Te quiero dar la posibilidad de responder a este pregunta:¿quién eres? La respuesta correcta y basada en la fe sería: ¡SOY UN HIJO DE DIOS! Esta sería tu confesión perfecta, porque coincide con lo que la Palabra de Dios dice que eres. No es exagerada ni excesiva. Cuando te identificas como hijo de Dios te estás asignando el mismo valor que Dios te da.

Es muy importante que al vivir la identidad y el propósito que Dios nos dio sigamos aprendiendo y creyendo en Su Palabra, e identificándonos conforme a ella. Mientras más consistentemente vivamos con respecto a lo que la Palabra de Dios dice que somos, más reflejaremos Su gloria y cada vez seremos más como Cristo. Este es el plan y propósito que Dios tiene para nosotros: ser conformados a la imagen gloriosa de Su Hijo. 2 Corintios 3:18, dice:

"18 Pero nosotros todos, a cara descubierta, mirando como en un espejo la gloria del Señor, estamos siendo transformados a la misma imagen de gloria en gloria, como por el Espíritu del Señor".
2 Corintios 3:18 (NKJV)

La Palabra de Dios es como un espejo que nos refleja Su gloria. Cuando te miras en un espejo natural, ves tu reflejo natural y puedes hacer ajustes para verte como deseas. Cuando te miras en el espejo de la Palabra de Dios puedes verte tal como Dios te ve y, en fe, hacer los ajustes necesarios para que Su gloria se vea en tu vida. Santiago 1:16-18, dice:

"16 No seáis engañados, mis amados hermanos y hermanas. 17 Todo lo bueno que recibís y todo don perfecto es de lo alto; desciende del Padre de las luces [el Creador y Sustentador de los cielos], en quien no hay variación [ni salida ni puesta] ni proyección de sombra provocada por cambio Suyo [porque Él es perfecto y nunca cambia]. 18 Fue de Su propia voluntad que nos dio a luz [como Sus hijos] por la palabra de verdad, para que fuésemos un tipo de primicias de Sus criaturas [un excelente ejemplo de lo que Él creó para ser apartado para Sí mismo: santificado, hecho santo para Sus propósitos divinos]".
Santiago 1:16-18 (AMP)

El versículo 16 nos anima a no dejarnos engañar. El

versículo 17, dice: "Todo lo bueno que recibís y todo don perfecto es de lo alto...", provienen de Dios, "...en quien no hay variación... [porque Él es perfecto y nunca cambia]". En esto no puedes equivocarte: ¡Dios es bueno! Él es perfecto y nunca cambia, y mediante Su Palabra nos dio una identidad que es buena y que revela cómo nos vemos en nuestro estado de perfección.

El versículo 18 nos revela que la voluntad de Dios fue que naciéramos como Sus hijos, por medio de Su Palabra, para que llegáramos a ser un excelente ejemplo de lo que Él creó para apartar para Sí mismo. La Palabra nos santifica, nos hace santos para Sus propósitos divinos; es nuestra fuente para alcanzar la imagen que nuestro Dios perfecto desea para nosotros, y no una mera imagen positiva de nosotros mismos.

Santiago 1:21-25, dice:

"21 Por tanto, despojaos de toda impureza y de todo resto de maldad, y con espíritu humilde recibid la palabra [de Dios] que es implantada [realmente arraigada en vuestro corazón], la cual es capaz de salvar vuestras almas. 22 Pero probaos como hacedores de la palabra [obedeciendo activa y continuamente los preceptos de Dios], y no como meros oidores [que oyen la palabra pero no logran internalizar su significado, engañándoos a vosotros mismos [por razonamientos erróneos contrarios a la verdad]. 23 Porque si alguno solo oye la palabra sin obedecerla, es semejante a un hombre que mira con mucha atención su rostro natural en un espejo; 24 porque una vez que se ha mirado a sí mismo y se

ha ido, inmediatamente olvida cómo era. [25] Pero el que mira atentamente la ley perfecta, la ley de la libertad, y la cumple fielmente, no habiéndose convertido en un oyente [descuidado] que olvida, sino en un hacedor activo [que obedece], será bendecido y favorecido por Dios en lo que hace [en su vida de obediencia]".
Santiago 1:21-25 (AMP)

Mirarnos en el espejo de la Palabra de Dios y prestar atención para hacer los ajustes necesarios para alinearnos con Su propósito para nuestra vida nos bendice y empodera. La Palabra de Dios es Su voluntad. La persona que conociendo la voluntad de Dios no se ajusta a ella se engaña a sí misma. Santiago 4:17, dice:

"[17] Por tanto, al que sabe hacer el bien y no lo hace, le es pecado".
Santiago 4:17 (NKJV)

Porque todo el que conociendo la voluntad de Dios no la hace ni se conforma a ella está pecando. Los hijos de Dios debemos desear que se haga Su voluntad en nuestra vida y en el mundo, y ajustar nuestros pensamientos y acciones a ella. Debemos someter nuestra voluntad a la Suya. Este fue el deseo y la actitud que mostró Jesús. Un ejemplo de ello fue cuando enseñó a Sus discípulos a orar, en Mateo 6:9-10, diciendo:

"[9] Por tanto, así orad: Padre nuestro que estás en los cielos, santificado sea Tu nombre. [10] Venga Tu reino. Hágase Tu voluntad en la tierra como en el cielo".

Mateo 6:9-10 (NKJV)

Él les dijo: "...Padre nuestro que estás en los cielos... Hágase Tu voluntad en la tierra como en el cielo". Podemos ver otro ejemplo en el Huerto de Getsemaní, la noche previa a Su crucifixión. Lucas 22:41-42, dice:

"⁴¹ Y Se alejó de ellos como a un tiro de piedra, y Se arrodilló y oró, ⁴² diciendo: 'Padre, si es Tu voluntad, aparta de Mí esta copa; aun así, no se haga Mi voluntad, sino la Tuya'".
Lucas 22:41-42 (NKJV)

En el versículo 42 vemos un ejemplo perfecto de cómo un hijo de Dios debe vivir con respecto a Su voluntad: *Padre, no se haga mi voluntad, sino la Tuya.* Así es, Dios nos creó con voluntad propia, lo cual es una bendición, pero debemos vivir conscientes de cuál es la voluntad de Dios que nos presenta Su Palabra, y siempre ser prontos en someter a ella nuestra voluntad. En el capítulo 3, *¿Quiénes somos?*, vimos que Adán y Eva actuaron por su propia voluntad en desobediencia a Dios. Pero alabado sea Dios porque Jesús sí sometió Su voluntad al Padre y, por lo que hizo, ahora nosotros tenemos la facultad de hacer lo mismo. En Filipenses 2:12-16, el apóstol Pablo anima a los creyentes, diciendo:

"¹² Así que, mis queridos hermanos, como han obedecido siempre —no solo en mi presencia, sino mucho más ahora en mi ausencia— lleven a cabo su salvación con temor y temblor, ¹³ pues Dios es quien produce en ustedes tanto el querer como el

hacer para que se cumpla Su buena voluntad. [14]
Háganlo todo sin quejas ni contiendas, [15] *para que
sean intachables y puros, hijos de Dios sin culpa en
medio de una generación torcida y depravada. En
ella ustedes brillan como estrellas en el firmamento,*
[16] *manteniendo en alto la palabra de vida. Así en el
día de Cristo me sentiré satisfecho de no haber
corrido ni trabajado en vano".*
Filipenses 2:12-16 (NVI)

Llevar a cabo nuestra salvación significa cultivarla, y
ver que se lleve a pleno efecto por medio de la fe y la
obediencia a la Palabra de Dios. No podemos tomar
nuestra salvación y nuestra condición de hijos a la
ligera, sino que debemos mostrar reverencia y un
respeto profundo hacia Dios al ir creciendo y
madurando espiritualmente. El versículo 13 dice:
"pues Dios es quien produce en ustedes tanto el
querer como el hacer para que se cumpla Su buena
voluntad". En la versión Amplificada del versículo 13,
leemos:

"[13] *Porque es [no vuestra fuerza, sino] Dios quien
obra eficazmente en vosotros, tanto el querer como
el hacer [esto es, fortaleciendo, energizando y
creando en vosotros el anhelo y la capacidad para
cumplir vuestro propósito] por Su buena voluntad".*
Filipenses 2:13 (AMP)

¡Nuestro deber es respetar intensamente a Dios, y
adorarlo, entendiendo que Él está obrando
efectivamente en nosotros! Está "...fortaleciendo,
energizando y creando..." en nosotros "...el anhelo y
la capacidad para cumplir..." nuestro propósito "...por
Su buena voluntad". ¡Gloria a Dios! No está fuera de

nuestro alcance vivir una vida sujeta a Dios y agradarlo. Hacer creer a la gente que cumplir la voluntad de Dios está fuera de toda alcance no es más que una mentira y un engaño del diablo. El Espíritu de Cristo está en los hijos de Dios. La Palabra de Dios nos equipa con Su voluntad, y es Dios mismo quien nos empodera para identificarnos de manera tal, que nos lleve al cumplimiento de Sus planes y propósitos dispuestos y preparados para nosotros en Cristo. Filipenses 4:13, dice:

"13 Puedo hacer todas las cosas [que Él me ha llamado a hacer] por medio de Aquel que me fortalece y me da poder [para cumplir Su propósito: soy autosuficiente en la suficiencia de Cristo; estoy listo para cualquier cosa y me igualo a todo por medio de Aquel que me infunde fuerza interior y paz confiada]".
Filipenses 4:13 (AMP)

¡Podemos hacer todas las cosas que Dios nos ha llamado a hacer por medio de Cristo que nos fortalece y empodera para cumplir con el propósito de Dios! Cristo nos infunde fuerza interior y una paz confiada. Estamos bien capacitados y preparados, y se nos reafirma íntimamente para cumplir con nuestro propósito y llamado en Dios como Sus hijos. Romanos 12:1-2, dice:

"1 Por tanto, hermanos y hermanas, os suplico por las misericordias de Dios que presentéis vuestros cuerpos [dedicándoos completos, apartados] como sacrificio vivo, santo y agradable a Dios, que es vuestro acto de adoración racional (lógico, inteligente). 2 Y no os conforméis a este mundo [ya

*más con sus valores y costumbres superficiales],
sino sed progresivamente transformados y
cambiados [a medida que maduráis espiritualmente]
mediante la renovación de vuestra mente
[centrándoos en valores piadosos y actitudes éticas],
para que podáis comprobar [por vosotros mismos]
cuál es la voluntad de Dios, lo que es bueno,
aceptable y perfecto [en Su plan y propósito para
vosotros]".*
Romanos 12:1-2 (AMP)

La Palabra considera las misericordias de Dios para animarnos a vivir completamente dedicados y entregados a Él. Es por Su misericordia que se nos empodera para vivir una vida libre de pecado y sometidos a Dios. Enfocarnos en el empoderamiento que tenemos en Cristo es nuestro "...acto de adoración racional (lógico, inteligente)", para vivir para Dios y cumplir con Su plan y propósito. El versículo 2, dice: "Y no os conforméis a este mundo [ya más con sus valores y costumbres superficiales]...". En el mundo no existe un estándar más alto de valores y actitudes éticas que el que nos presenta la Palabra de Dios. Toda ética que hay en el mundo es superficial en comparación con la profundidad de la sabiduría y el conocimiento de la voluntad de Dios provistos en Su Palabra, la cual tiene un valor, un mérito y un significado eternos: ¡permanece para siempre!

En el versículo 2 se nos sigue animando a ser "...progresivamente transformados y cambiados...", madurando espiritualmente por la renovación de nuestra mente. Dios nos llamó de entre los incrédulos de este mundo para ser apartados para Él. Su

119

Palabra nos permite cambiar nuestra forma de pensar para que ya no tengamos los valores y actitudes del mundo, y podamos así comprobar lo que se alinea con la voluntad de Dios y con Su estándar: "...lo que es bueno, aceptable y perfecto..." en Su plan y propósito para nosotros.

Los hijos de Dios debemos recordar siempre que en el mundo natural, fuera de la Palabra de Dios y de Su Espíritu Santo, no tendríamos cómo validar lo que significa la experiencia eterna que tuvimos en Cristo a través del nuevo nacimiento. Si no renovamos nuestra mente a la Palabra de Dios para poder identificarnos correctamente y con confianza, no te quepa duda de que el diablo, otras personas y las influencias del mundo que nos rodea intentarán imponernos una identidad que representa erróneamente quiénes somos de verdad.

Vivimos en un mundo natural caído que no está sometido espiritualmente a la Palabra de Dios y a Su voluntad, por lo que es inevitable que enfrentemos oposición a nuestra fe e identidad. De hecho, la Palabra de Dios afirma claramente que existe un verdadero enemigo y diablo, Satanás, que se opone a Dios y a Sus hijos. 2 Corintios 4:3-4, dice:

"3 Pero aun si nuestro evangelio está velado, está velado a los que se pierden, 4 cuyo entendimiento el dios de este siglo ha cegado, a los incrédulos, para que la luz del evangelio de la gloria de Cristo, que es la imagen de Dios, no les resplandezca".
2 Corintios 4:3-4 (NKJV)

Satanás es el dios de este mundo y él ciega la mente

de quienes no creen en Cristo. Usa su influencia para mantener al mundo engañado y en tinieblas con respecto a la verdad. Solo a los que perecen bajo la influencia de Satanás, el Evangelio de Cristo y la realidad de nuestra salvación y nuevo nacimiento les están velados.

En Efesios 2:2, el Apóstol Pablo llama a Satanás: "el príncipe de la potestad del aire, el espíritu que ahora opera en los hijos de desobediencia". En Juan 8:37-47, Jesús dijo a los que intentaban matarlo que eran de su padre, el diablo; en los versículos 39-41 y 44, leemos:

"39 Respondieron y Le dijeron: 'Abraham es nuestro padre'. Jesús les dijo: 'Si fuerais
hijos de Abraham, haríais las obras de Abraham. 40
Pero ahora procuráis matarme,
a un Hombre que os ha dicho la verdad que oí a Dios. Abraham no hizo esto.
41 Vosotros hacéis las obras de vuestro padre".
"44 Vosotros sois de vuestro padre el diablo, y los deseos de vuestro padre queréis hacer. Él fue homicida desde el principio, y no está en la verdad, porque no hay verdad en él. Cuando habla mentira, de suyo habla, porque es mentiroso y padre de mentira".
Juan 8:39-41, 44 (NKJV)

A causa de la influencia de Satanás, el espíritu general del mundo es hostil hacia Cristo. En la tierra hay dos familias: la de quienes son hijos de Dios por la fe en Cristo, y la de los hijos de Satanás: los hijos de desobediencia (Ef. 2:2-3; Col. 3:6) que viven bajo su engaño. 1 Juan 3:10-13, dice:

"10 En esto se manifiestan los hijos de Dios y los hijos del diablo: El que no practica la justicia no es de Dios, y tampoco lo es el que no ama a su hermano. 11 Porque este es el mensaje que oísteis desde el principio, que nos amemos unos a otros, 12 no como Caín, que era del maligno y asesinó a su hermano. ¿Y por qué lo asesinó? Porque sus obras eran malas y las de su hermano eran justas. 13 Hermanos míos, no os maravilléis si el mundo os odia".

1 Juan 3:10-13 (NKJV)

En el versículo 10 se distingue entre los hijos de Dios y los hijos del diablo. El versículo 13, dice: "Hermanos míos, no os maravilléis si el mundo os odia". La influencia de Satanás en la tierra causa que el mundo tenga una actitud general hostil hacia los hijos de Dios. En Juan 15:18-25, Jesús dijo:

"18 Si el mundo os odia, sabed que a Mí me ha odiado antes que a vosotros. 19 Si fuerais del mundo, el mundo amaría lo suyo. Mas porque no sois del mundo y Yo os escogí del mundo, por eso el mundo os odia. 20 Acordaos de la palabra que os dije: 'El siervo no es mayor que su señor'. Si a Mí me persiguieron, también os perseguirán a vosotros. Si guardaron Mi palabra, guardarán también la vuestra. 21 Pero todas estas cosas os harán por causa de Mi nombre, porque no conocen a Aquel que me envió. 22 Si Yo no hubiera venido ni les hubiera hablado, no tendrían pecado, pero ahora no tienen excusa por su pecado. 23 El que Me aborrece, aborrece también a Mi Padre. 24 Si Yo no hubiera hecho entre ellos las obras que ningún otro hizo, no

tendrían pecado; pero ahora Me han visto a Mí y a Mi Padre y también nos han odiado. [25] Pero esto sucedió para que se cumpliera la palabra que está escrita en su ley: 'Sin causa Me aborrecieron'".
Juan 15:18-25 (NKJV)

Satanás influye sobre las personas para que odien y rechacen a Cristo sin causa alguna. El diablo se opone a Dios, y es por esto que los hijos de Dios enfrentan persecución en el mundo. El espíritu general del mundo está influenciado por el diablo, y por esto se opone a los hijos de Dios. Satanás intentará usar personas, circunstancias y toda estrategia posible para desalentar tu fe y convencerte de algún modo de que no eres un hijo de Dios. En Mateo capítulo 4, vemos el registro de un encuentro que Jesús tuvo con Satanás:

*"[1] Entonces Jesús fue llevado por el Espíritu al desierto para ser tentado por el diablo.
[2] Y cuando había ayunado cuarenta días y cuarenta noches, luego tuvo hambre. [3] Ahora bien, cuando el tentador vino a Él, dijo: 'Si eres Hijo de Dios, ordena que estas piedras se conviertan en pan'. [4] Pero Él respondió y dijo: 'Escrito está: 'No sólo de pan vivirá el hombre, sino de toda palabra que sale de la boca de Dios''. [5] Entonces el diablo Le llevó a la ciudad santa, Le puso sobre el pináculo del templo, [6] y Le dijo: 'Si eres Hijo de Dios, tírate abajo. Porque está escrito:
'A sus ángeles mandará acerca de Ti', y, 'En sus manos te sostendrán, para que tu pie no tropiece en piedra''. [7] Jesús le dijo: 'Escrito está también: 'No tentarás (probarás) al Señor tu Dios''. [8] Otra vez, el diablo Lo llevó a un monte muy alto, y Le mostró*

todos los reinos del mundo y su gloria. ⁹ Y Le dijo: 'Todo esto Te daré, si postrado me adorares'. ¹⁰ Entonces Jesús le dijo: '¡Fuera de aquí, Satanás! Porque está escrito: 'Al Señor tu Dios adorarás, y a Él solo servirás''. ¹¹ Entonces el diablo se apartó de Él, y he aquí, vinieron ángeles y Le servían".

Mateo 4:1-11 (NKJV)

Observa en primer lugar que fue el Espíritu de Dios quien guio a Jesús a esta confrontación. El diablo fue quien Lo tentó, pero el Espíritu Lo llevó ahí. Cuando vino Satanás, el tentador, se acercó a Jesús diciéndole: "...Si eres Hijo de Dios...". Satanás ya sabía que Jesús era el Hijo de Dios, su tentación era un ataque al carácter de Jesús, y un intento por hacer que actuara de un modo inconsistente con respecto a Su *identidad* y a la voluntad del Padre. Jesús vino a hacer la voluntad del Padre celestial, y cualquier acto de obediencia al diablo habría sido un acto de desobediencia a Él. Pero Jesús sabía que era el Hijo de Dios, y fue así como en cada tentación pudo resistir a Satanás declarando la palabra de Dios dentro de su contexto apropiado, ¡y al final decirle al diablo que se fuera!

Este relato ocurrió justo después del bautizo de Jesús (Mt. 3:16-17), donde el Espíritu de Dios había descendido sobre Él como una paloma, y se oyó la voz del Padre celestial declarando que era Su Hijo amado en quien tenía complacencia. Como Hijo de Dios, Jesús tenía poder y autoridad sobre el diablo. En 1 Juan 3:8, leemos que el propósito de Jesús era destruir las obras del diablo. Dios deseaba que Su Hijo se identificara con Su propósito incluso si era tentado. Si Jesús en medio de esta confrontación hubiera cedido a la tentación del diablo, habría fracasado en Su identificación con el propósito que Dios le había dado. De haber cedido ante la tentación de Satanás, Jesús no habría podido cumplir con Su propósito.

Si volvemos al Jardín del Edén, fue ahí donde los primeros hijos creados por Dios: Adán y Eva, no dieron en el blanco, pues no lograron identificarse correctamente. Dios los había creado a Su imagen, y les dio autoridad y dominio sobre toda la tierra y sobre todo animal que se arrastra, y sobre todo ser viviente que se mueve sobre ella (Gn. 1:26-28). Además, les había dado un propósito y el mandato (Gn. 2:15-17) de cuidar del huerto y guardarlo, dándoles libertad para comer de todo árbol que ahí había, excepto del árbol del conocimiento del bien y del mal.

En Génesis 3, el diablo apareció para tentar a Adán y Eva presentándose en forma de serpiente. Dios ya les había dado dominio sobre todo ser viviente que se arrastra y se mueve sobre la tierra, de modo que si ellos se hubieran identificado correctamente, habrían recordado lo que Dios les había dicho y habrían tomado autoridad sobre la serpiente que los tentaba a cuestionar Su mandato. Pero cuando se cedieron a la tentación de la serpiente experimentaron la Caída (de la cual hablamos en el Capítulo 3, ¿Quiénes somos?), y de este modo, todo el dominio y autoridad que Dios les había dado fue entregado legalmente al diablo.

En Lucas capítulo 4 se relata la tentación de Cristo (vv. 5-7):

"⁵ Entonces el diablo, llevándolo a un monte alto, Le mostró en un momento todos los reinos del mundo. ⁶ Y le dijo el diablo: 'A ti te daré toda esta potestad, y la gloria de ellos; porque esto me ha sido entregado, y lo doy a quien quiero. ⁷ Por tanto, si te postras ante mí, todo será Tuyo'".

Lucas 4:5-7 (NKJV)

La autoridad de la que Satanás habla en el versículo 6 es aquella que Dios les había dado a Adán y Eva en el principio, pero que por desobediencia a Su voluntad fue entregada al diablo. Debido a la autoridad que Adán y Eva dieron a Satanás es que el diablo tiene derecho legal a ejercer su influencia sobre la tierra. En Juan 12:31, 14:30 y 16:11, Jesús habló de Satanás como el príncipe o el gobernante de este mundo.

Satanás le dijo a Jesús: "...A ti te daré toda esta potestad, y la gloria de ellos; porque esto me ha sido entregado...". El diablo estaba tentando legítimamente a Jesús para adquirir poder a través de medios distintos a la Cruz y a la voluntad del Padre. Pero el diablo es un engañador y sabía que si Jesús hubiera cedido, la voluntad del Padre no se habría cumplido, y así habría podido retener el poder para sí. Pero Jesús reconoció la tentación de Satanás y resistió; y los hijos de Dios debemos hacer lo mismo.

El diablo es el tentador que se aprovecha de las personas que no conocen su influencia; y sus estrategias no han cambiado. Satanás es el mismo diablo que estuvo con Adán y Eva en el Jardín del Edén, y con Jesús en el desierto. En Apocalipsis 12:10 se habla de Satanás como "el acusador de nuestros hermanos". Debemos ser conscientes de sus estrategias para reconocerlas y resistirlas. En Juan 10:10, Jesús señaló que el diablo era el ladrón, diciendo:

"¹⁰ El ladrón no viene sino para hurtar, matar y destruir. Yo he venido para que tengan vida y para que la tengan más abundantemente".
Juan 10:10 (NKJV)

El diablo busca robar, matar y destruir en la tierra, pero Jesús vino a dar vida abundante a los hijos de Dios. Como tales, la victoria de Jesús nos dio poder sobre Satanás. ¡Cuando miramos a Jesús, podemos vivir en victoria aun en medio de las acusaciones del diablo y de las hostilidades del mundo a causa del engaño! 1 Juan 4:4, dice:

"⁴ Hijitos, vosotros sois de Dios, y los habéis vencido, porque el que está en vosotros es mayor que el que está en el mundo".
1 Juan 4:4 (NKJV)

Los hijos de Dios hemos nacido de Él. ¡El Mayor vive en nosotros! Nuestro Dios mora en nosotros y es mayor que el diablo que está en el mundo. Hemos vencido a quienes son influenciados por el diablo y por el espíritu del Anticristo que viene (1 Juan 2:18, 22; 1 Juan 4:3; 2 Juan 1:7). Apocalipsis 12:9-12, dice:

"⁹ Y el gran dragón fue echado fuera, la serpiente antigua, llamado el Diablo y Satanás, quien engaña al mundo entero; él fue arrojado a la tierra, y sus ángeles fueron expulsados con él.

¹⁰ Entonces oí una gran voz en el cielo que decía: 'Ahora ha venido la salvación, la fortaleza y el reino de nuestro Dios y el poder de su Cristo, porque el acusador de nuestros hermanos, quien los acusaba delante de nuestro Dios día y noche, ha sido derribado.
¹¹ Y ellos lo vencieron por la sangre del Cordero y por la palabra de su testimonio, y no amaron tanto sus vidas como para evitar la muerte. ¹² ¡Alégrense, pues, oh cielos, y los que moráis en ellos! ¡Ay de los habitantes de la tierra y del mar! Porque el diablo ha descendido a vosotros con gran ira, pues sabe que tiene poco tiempo".
Apocalipsis 12:9-12 (NKJV)

Jesucristo, el Cordero de Dios, nos ha hecho vencedores como hijos de Dios, y esto mediante Su sangre y nuestro testimonio de que estamos en Él. Al diablo le queda un tiempo limitado de influencia en la tierra, pues Jesús volverá y recibirá el reino eterno. Nuestra relación con Él nos capacita para vencer toda oposición que el diablo intente en contra de nosotros. En Juan 16:33, Jesús dijo:

"³³ Os he dicho estas cosas para que en Mí tengáis paz [perfecta]. En el mundo tenéis tribulación, angustia y sufrimiento, pero sed valientes [tened confianza, no desmayéis, llenaos de gozo]; Yo he vencido al mundo". [Mi conquista está consumada, Mi victoria permanece].
Juan 16:33 (AMP)

El hecho de que hayamos nacido de nuevo, nos hayamos convertido en hijos de Dios y hayamos recibido la victoria de Cristo no significa que a partir de ese día todo será perfecto en nuestras vidas. Tendremos tribulación, angustia y sufrimiento; Jesús dijo que así sería. Creo que es muy importante que los hijos de Dios entendamos esto, porque el enemigo intentará engañarnos haciéndonos creer que, a menos que no haya contratiempos, todo nos salga bien y el mundo nos acepte, no se estará cumpliendo la voluntad de Dios en nuestra vida. Pero esto sería un gran engaño. Hebreos 2:10, dice:

"10 Porque fue un acto digno [de Dios] y apropiado [a la naturaleza divina] que Aquel,
a causa de Quien y por Quien todas las cosas tienen su existencia, al llevar a muchos
hijos a la gloria, hiciera perfecto [llevara a la madurez la experiencia humana necesaria para estar perfectamente equipado para Su oficio como Sumo Sacerdote] al Iniciador de la salvación de ellos a través del sufrimiento".
Hebreos 2:10 (AMPC)

Jesús es el unigénito Hijo de Dios, aun así, fue necesario que experimentara sufrimiento para poder cumplir con el propósito de Dios para Su vida (Lc. 24:26). Jesús es el Iniciador de nuestra salvación y lleva muchos hijos a la gloria; también es el Sumo Sacerdote de nuestra experiencia humana de ser hijos de Dios, sin embargo, debió ser perfeccionado mediante el sufrimiento. En Hebreos 12:1-3, se nos anima a soportar como hijos de Dios, tal como Jesús soportó la cruz:

"1 Por tanto, estando rodeados por una tan grande nube de testigos [que por la fe han dado testimonio sobre la verdad de la absoluta

*fidelidad de Dios], despojándonos de todo peso
innecesario y del pecado que tan fácil y astutamente
nos enreda, corramos con
aguante y perseverancia activa la carrera que nos
es puesta por delante, [2] [apartando la mirada
de todo lo que nos distrae y] fijando los ojos en
Jesús que es el Autor y Perfeccionador de la fe [el
primer aliciente de nuestro creer y Aquel que lleva
nuestra fe a la madurez], Quien
por el gozo [de lograr la meta] puesto delante de Él
soportó la cruz, ignorando la vergüenza, y Se sentó
a la diestra del trono de Dios [revelando Su deidad,
Su autoridad y la consumación de Su obra]. [3] Así
pues, consideren y mediten en Aquel que soportó de
parte de los pecadores tan amarga hostilidad en Su
contra [considerándolo todo en comparación con sus
propias
pruebas], para que no se cansen ni desanimen".*
Hebreos 12:1-3 (AMP)

Cuando miramos a Jesús, y comparamos nuestros
sufrimientos con la hostilidad que Él soportó por
nosotros, en lugar de *cansarnos y desanimarnos,*
somos animados. ¡Lo que Jesús sufrió, incluso hasta
la muerte, era necesario para llevar a muchos hijos a
la gloria! Hebreos 12:4-11, dice:

*"[4] Aún no han resistido hasta derramar sangre en la
lucha contra el pecado, [5] y han olvidado la divina
palabra de aliento que como a hijos se les dirige:
'Hijo mío, no restes importancia a la disciplina del
Señor, y no te desanimes ni te rindas cuando seas
corregido por Él; [6] Porque el Señor disciplina y
corrige a los que ama, y castiga a todo hijo que
recibe y acoge [en Su corazón]'. [7] Deben someterse*

a [corrección con el propósito de] disciplina; Dios los está tratando como a hijos; porque ¿qué hijo hay a quien su padre no disciplina? [8] Ahora bien, si están exentos de corrección y sin disciplina, de la cual todos [los hijos de Dios] participan, entonces son hijos ilegítimos y no hijos [en absoluto]. [9] Además, hemos tenido padres terrenales que nos disciplinaban, y nos sometíamos y los respetábamos [por instruirnos]; ¿No nos someteremos mucho más voluntariamente al Padre de los espíritus, y viviremos [aprendiendo de Su disciplina]?
[10] Porque nuestros padres terrenales nos disciplinaron por poco tiempo como mejor les parecía; pero Él nos disciplina para nuestro bien, para que podamos participar de Su santidad. [11] Por el momento ninguna disciplina trae gozo, sino que parece triste y dolorosa; sin embargo, a los que han sido entrenados en ella, posteriormente produce fruto apacible de justicia [una posición correcta con Dios y un estilo de vida y una actitud que buscan conformarse a la voluntad y el propósito de Dios]".
Hebreos 12:4-11 (AMP)

En este contexto bíblico se menciona sufrir persecución como parte de la disciplina de Dios. Sufrir persecución distingue a quien decide seriamente agradar a Dios y está dispuesto a soportar el sacrificio, de aquel que no lo hace. La disciplina de Dios nos alinea con Su voluntad y propósito para nuestras vidas. Dios desea instruirnos y prepararnos conforme a Su plan para glorificarnos en Cristo. Nuestra colaboración en este proceso consiste en renovar nuestra mente y voluntad conforme a Su voluntad y propósito. Muchas veces en lo que respecta a nuestra propia voluntad y deseos, hacer la voluntad de Dios no será la decisión más *conveniente* que podamos tomar, pero siempre será la más satisfactoria. Cuando nos sometemos a Su disciplina, instrucción y corrección, Dios nos trata como a Sus hijos legítimos y participamos de Su santidad.

La reprensión, la disciplina y la corrección no siempre implican experimentar *castigo*. Creo que la idea de recibir el *castigo* de Dios desalienta a algunos y entonces dejan de buscarlo y se rebelan contra la identidad de hijos de Dios. Sin embargo, el versículo 6 dice que el Señor disciplina y corrige "a los que ama". Proverbios 3:12, dice:

"12 Porque el Señor al que ama corrige, como un padre al hijo en quien se deleita".
Proverbios 3:12 (NKJV)

El Señor nos corrige porque nos ama, tal como un padre natural corregiría a su hijo o hija. Apocalipsis 3:18-19, dice:

"18 Te aconsejo que compres de Mí oro refinado en fuego, para que seas rico; y vestiduras blancas para que te vistas, para que no se descubra la vergüenza de tu desnudez; y que unjas tus ojos con colirio, para que veas. 19 A todos los que amo, reprendo y castigo. Por tanto, sé celoso y arrepiéntete".
Apocalipsis 3:18-19 (NKJV)

En nuestras vidas, Dios usa instrucción disciplinaria que conduce a nuestro progreso y educación en Su voluntad y propósito. La disciplina de Dios puede ser desde algo tan simple como que nos reafirme una decisión correcta cuando estamos siendo tentados a elegir equivocadamente.

Si cuando estamos frente a dificultades y tentaciones soportamos en sumisión a Dios en lugar de rendirnos o rebelarnos contra Su corrección, crecemos en nuestra identidad. Nos desarrollamos, se produce cambio en nuestro interior, y estaremos más cerca de cumplir nuestro propósito en Él. Dios nos trata como hijos y nos lleva a la libertad de Su Espíritu. Romanos 8:17-23, dice:

"[17] Y si somos [Sus] hijos, entonces también somos [Sus] herederos: herederos de Dios y coherederos con Cristo [participando de Su herencia con Él]; solo que debemos compartir Su sufrimiento si queremos participar de Su gloria. [18] [¿Pero qué de eso?] ¡Porque considero que los sufrimientos de este tiempo presente (esta vida presente) no son dignos de ser comparados con la gloria que ha de ser revelada en nosotros y para nosotros, y nos es concedida! [19] Porque [aun toda] la creación (toda la naturaleza) espera expectante y anhela ardientemente que los hijos de Dios sean dados a conocer [espera la revelación, la manifestación de su condición de hijos]. [20] Porque la creación (la naturaleza) fue sujetada a fragilidad (a vanidad, condenada a frustración), no a causa de alguna falta intencional de su parte, sino por la voluntad de Aquel que así la sujetó; [pero] con la esperanza [Ecl. 1:2] [21] Que la misma naturaleza (creación) será liberada de su esclavitud a la decadencia y corrupción [y tendrá entrada] a la

gloriosa libertad de los hijos de Dios. ²² Sabemos que toda la creación [de las criaturas irracionales] ha estado gimiendo a una en dolores de parto hasta ahora. [Jer. 12:4, 11] ²³ Y no sólo la creación, sino también nosotros mismos, que tenemos y disfrutamos de las primicias del Espíritu [Santo] [un anticipo de las cosas maravillosas por venir] gemimos interiormente mientras esperamos la redención de nuestros cuerpos [de la sensualidad y la tumba, que revelará] nuestra adopción (nuestra manifestación como hijos de Dios)".
Romanos 8:17-23 (AMPC)

Ningún sufrimiento que podamos enfrentar en esta vida y en el presente será digno de comparación con la gloria que se revelará en nosotros como hijos e hijas de Dios. Podemos mirar adelante con gran expectación mientras esperamos nuestra glorificación en Cristo. La creación espera con anhelo la manifestación de la identidad real de los hijos de Dios. En Cristo vendrá una libertad gloriosa, y la creación sufre dolores de parto hasta que la plenitud de la gloria de Dios haya venido a la tierra.

¡No deseches tu esperanza como hijo de Dios! Fuiste llamado conforme a Su propósito. Él te conoció de antemano y te predestinó para ser hecho a la imagen de Su Hijo. Tienes un futuro seguro, y aunque esperamos nuestra glorificación completa en el regreso de Cristo, Dios ya lo ve hecho. Filemón 1:6, dice:

"⁶ [Y ruego] que la participación y el compartir de vuestra fe produzca y contribuya al pleno reconocimiento, aprecio, entendimiento y

conocimiento correcto de todo lo bueno que es
nuestro en [nuestra identificación con] Cristo Jesús
[y para Su gloria]".
Filemón 1:6 (AMP)

No te desanimes a causa de los problemas o la persecución que identificarte con Cristo te puedan traer en esta tierra. Por el contrario, participa de Sus sufrimientos y no dejes de compartir tu fe, para que esta produzca fruto y te permita comprender y apreciar más plenamente todo lo bueno que te pertenece en tu identificación con Cristo.

Jesús nos dio la victoria a nosotros como creyentes e hijos de Dios, pero también nos dio autoridad sobre el diablo y el poder para reinar en vida. En Lucas 10:18-20, Jesús dijo:

"18 ... Vi a Satanás caer como un rayo del cielo. 19
He aquí os doy potestad de hollar serpientes
y escorpiones, y sobre toda fuerza del enemigo, y
nada os dañará de manera alguna.
20 Mas no os regocijéis de esto, de que los espíritus
se os sujetan, sino regocijaos de
que vuestros nombres estén escritos en los cielos".
Lucas 10:18-20 (NKJV)

¡Aquel que tiene toda autoridad en el cielo y en la tierra nos ha dado autoridad a nosotros como Sus hijos! Mateo 28:18-20, dice:

"18 Y Jesús vino y les habló, diciendo: 'Toda
potestad Me es dada en el cielo y en la tierra.
19 Id, pues, y haced discípulos a todas las naciones,
bautizándolos en el nombre del Padre y del Hijo y

del Espíritu Santo, [20] enseñándoles a guardar todo lo que os he mandado; y he aquí, Yo estoy con vosotros siempre, hasta el fin del mundo'. Amén".
Mateo 28:18-20 (NKJV)

Se nos ha asignado como ejecutores de la voluntad de Dios en la tierra. Jesús nos dio una tarea y el poder para *ir* en Su Nombre, y prometió que siempre estaría con nosotros. Apocalipsis 5:10, dice "...reinaremos sobre la tierra".

Al volver a Lucas 10:20, los hijos de Dios debemos observar otro punto muy importante. Jesús habló acerca de la autoridad, diciendo: "Mas no os regocijéis de esto, de que los espíritus se os sujetan, sino regocijaos de que vuestros nombres estén escritos en los cielos". ¿Sabías que al ser un hijo de Dios, Él conoce tu nombre? ¡Regocíjate en eso! ¡Tu nombre está escrito en el cielo! En Apocalipsis 3:5, Jesús dice:

"[5] El que venciere será vestido de vestiduras blancas, y no borraré su nombre del Libro de la Vida, sino que confesaré su nombre delante de Mi Padre y de Sus ángeles".
Apocalipsis 3:5 (NKJV)

Cuando eres un hijo de Dios, tu nombre se encuentra registrado en el Libro de la Vida del Cordero. Jesús regresará un día para recibir el Reino Eterno y, cuando lo haga, nos dice que no borrará del Libro de la Vida los nombres de quienes hayan vencido en esta vida por la fe puesta en Él. Por el contrario, los confesará delante del Padre y de Sus ángeles. ¡Alabado sea Dios! La vida de un hijo de Dios es la vida de un vencedor. Romanos 8:37-39, dice:

"37 Sin embargo, en todas estas cosas, somos más que vencedores por medio de Aquel que nos amó. 38Porque estoy persuadido de que ni la muerte ni la vida, ni ángeles, ni principados ni potestades, ni lo presente ni lo por venir, 39ni lo alto ni lo profundo, ni ninguna otra cosa creada nos podrá separar del amor de Dios que es en Cristo Jesús nuestro Señor".
Romanos 8:37-39 (NKJV)

Hemos nacido de nuevo para ser más que vencedores. Identificarnos con Cristo nos llevará a tomar una postura en relación a lo que somos y lo que creemos. En esta vida experimentaremos circunstancias y situaciones que exigirán nuestra correcta identificación si queremos cumplir con el plan y propósito que Dios tiene para nosotros en gloria. Este último pasaje nos asegura que nada que enfrentemos nos podrá separar del amor de Dios que es en Cristo Jesús Señor nuestro.

Nada puede apartarnos de la realidad de que se nos nombra, llama y considera hijos de Dios. Por nuestra parte, no podemos transar la identidad que tenemos en la Palabra de Dios ni en cómo nos identificamos. Debemos estar seguros y totalmente convencidos de nuestra identidad conforme a lo que Dios ha dicho que somos. No existe nada que merezca hacernos perder nuestro derecho a una relación con Dios en Cristo; esta relación es el único camino para tener paz verdadera y plenitud en la vida. Su llamado es un llamamiento supremo, y valdrá la pena rendir todo lo que sea necesario por cumplirlo (Mt. 16:24-27; Mc.

8:34-38; Lc. 9:23-25).

Te animo a apreciar el plan y el propósito que Dios tiene para tu vida como Su hijo. Si te aferras a esta realidad verás el cumplimiento de las promesas de Dios y de tu herencia. En Apocalipsis 3:14 y 20-22, Jesús dice:

"14... 'Estas cosas dice el Amén, el Testigo Fiel y Verdadero, el Principio de la creación de Dios'".
"20 He aquí, Yo estoy a la puerta y llamo. Si alguno oye Mi voz y abre la puerta, entraré a él y cenaré con él, y él Conmigo. 21 Al que venciere, le daré que se siente Conmigo en Mi trono, como también Yo vencí y Me senté con Mi Padre en Su trono.
22 El que tiene oído, que oiga lo que el Espíritu dice a las iglesias".
Apocalipsis 3:14, 20-22 (NKJV)

Jesús anhela tener comunión con quienes compartirá Su reino. Los hijos de Dios tenemos oído para oír lo que dice el Espíritu de Dios. Esta oración se encuentra en Colosenses 1:9-14, y es mi oración por ti:

"9 ...para que seáis llenos del conocimiento de Su voluntad en toda sabiduría espiritual [con percepción en Sus propósitos] y en entendimiento [de las cosas espirituales], 10 para que andéis como es digno del Señor [mostrando carácter admirable, coraje moral e integridad personal],
para agradarle [plenamente] en todo, dando fruto en toda buena obra y creciendo continuamente en el conocimiento de Dios [con una fe más profunda, una

*percepción más clara y un amor ferviente por Sus
preceptos]; [11] [para que seáis] fortalecidos y
vigorizados con todo poder, según la potencia de Su
gloria, para alcanzar toda clase de resistencia y
paciencia con gozo;
[12] dando gracias al Padre, que nos ha capacitado
para participar de la herencia de los santos (pueblo
de Dios) en la Luz. [13] Porque Él nos ha rescatado y
nos ha atraído hacia Sí mismo desde el dominio de
las tinieblas, y nos ha trasladado al reino de Su
amado Hijo, [14] en quien tenemos redención [a causa
de Su sacrificio, que resulta en] el perdón de
nuestros pecados [y la cancelación del castigo de
los pecados]".*
Colosenses 1:9-14 (AMP)

Al llegar al final de este libro, quisiera compartir otro
punto que podría ayudar a alguien en su identificación
con Cristo, como hijo de Dios. En el capítulo 2,
¿Quién soy?, compartí mi testimonio personal de
cómo a los 19 años redediqué mi vida a Dios. Ahí vino
un período de restauración en mi vida, en el que Dios
me fortaleció mucho y me ayudó con algunas cosas
que necesitaban ordenarse.

A los 22 años leí sobre la promesa de la llenura del
Espíritu Santo. Entonces le oré a Dios pidiéndole ese
don, y me llenó con la evidencia de hablar en otras
lenguas. Desde ese momento, la oración y la
comunión con Dios me han permitido experimentar
un suministro continuo de poder sobrenatural que ha
estado disponible para que pueda hacer las cosas
que Dios me ha llamado a hacer.

Realmente agradezco la llenura del Espíritu Santo,

pero siento contarte que cuando recibí el bautismo del Espíritu Santo todavía no me había bautizado en agua. Para ser honesto, no lo hice hasta tres años después, cuando tenía 25 años. Hasta ese momento, nunca nadie me había enseñado sobre lo importante que es el bautismo en agua ni su significado. Pero ahora, dado que tengo esta oportunidad de escribirte, el Espíritu de Dios me alienta fuertemente a que comparta su significado. Si aún no has dado este paso en tu identificación con Cristo, te animo a que lo hagas.

El bautismo en agua no es más que una expresión externa de lo que sucedió internamente cuando creíste, te arrepentiste y recibiste a Jesús como tu Señor y Salvador. El bautismo en agua no produce tu salvación, pero es una señal de ella, tal como lo es recibir el don de la llenura del Espíritu Santo. Es una decisión de someter nuestra voluntad a la voluntad del Padre.

El bautismo es un mandato del Nuevo Testamento y, como tal, todo creyente nacido de nuevo debe bautizarse. Sin embargo, este mandato no busca traer esclavitud a la vida de quien no se ha bautizado. Tampoco pretende ser un motivo de arrogancia para quien sí se ha bautizado. A Dios siempre le ha interesado el corazón de una persona frente a una situación dada. Alguien a quien se le ha enseñado sobre el bautismo en agua podría inventar una excusa para no hacerlo y, así mismo, otro podría bautizarse, pero hacerlo con un corazón incorrecto para con Dios. Al final de cuentas, cada persona deberá hacer su propio informe a Dios sobre cómo manejó la verdad que recibió de Su Palabra.

El patrón general que encontramos en el libro de los Hechos, es que aquellos que verdaderamente creyeron y se arrepintieron quisieron ser bautizados en agua, y reconocieron su identificación con la muerte, la sepultura y la resurrección de Cristo por medio del nuevo nacimiento. Romanos 6:3-5, dice:

"³ ¿O ignoráis el hecho de que todos los que hemos sido bautizados en Cristo Jesús, hemos sido bautizados en su muerte? ⁴ Por tanto, hemos sido sepultados con Él por el bautismo para muerte, a fin de que tal como Cristo resucitó de entre los muertos por la gloria y el poder del Padre, así también nosotros andemos diariamente en una vida nueva [abandonando nuestras viejas costumbres]. ⁵ Pues si hemos llegado a ser uno con Él [unidos permanentemente] en la semejanza de Su muerte, ciertamente también seremos [uno con Él y participaremos plenamente] en la semejanza de Su resurrección".
Romanos 6:3-5 (AMP)

Toda persona nacida de nuevo debiera aprovechar la oportunidad de experimentar el bautismo en agua. Así podrá manifestar abiertamente su fe e identificación con Cristo, y afirmar su propia conciencia sobre la decisión de vivir para Dios en novedad de vida.

Cuando eres bautizado en agua, estás declarando que Jesús es tu Señor y tu Salvador, y que has elegido enterrar y abandonar tu forma de vivir previa a la salvación en Cristo, para vivir en novedad de vida en la semejanza de Su resurrección.

Es mi oración que este libro haya sido una bendición
para ti.
Amén.

REFERENCIAS

Identidad. (2022). Diccionario.com. Obtenido de: www.dictionary.com/browse/identity
Voluntad. (2022). Merriam-Webster.com. Obtenido de: www.merriam-webster.com/dictionary/will

SOBRE EL AUTOR

Daniel Braxton es un hijo de Dios y un consagrado creyente en Jesucristo. Fundamentado en la realidad de su relación personal con Jesús, Daniel sirve en diversas funciones como un testigo fiel de Cristo y como un ministro del Evangelio.

Daniel es el fundador y director ejecutivo de READY® Truth Ministries, en Huntsville, Alabama, fundado en mayo de 2015. Además de publicar su primer libro, *Identify*, él y otros fieles usan este ministerio para entregar recursos, música, mensajes y más con enfoque en el Evangelio. Para obtener más información visita: www.READYTM.org.

Daniel es licenciado en gestión de mercados de la Universidad de Alabama, en Birmingham, y tiene una maestría en administración de empresas de la Universidad de Alabama, en Huntsville. En 2019 obtuvo el título de asociado en Estudios Bíblicos en la Escuela de Ministerio de *Cornerstone Word of Life Church*, en Madison, Alabama, iglesia de la cual es miembro desde enero de 2015.

Daniel participa activamente en su iglesia local, y sirve como líder en el ministerio de jóvenes, en misiones y en otras áreas. Está casado con Candace, su adorable esposa. A ambos les apasiona el ministerio y compartir el Evangelio a nivel mundial, para la gloria de Dios.

Made in the USA
Columbia, SC
09 December 2024

47675009R00087